全国"八五"普法统编系列教材

"八五"普法
青少年学法用法
（以案释法）

侯淑雯 ◎ 主编

中国言实出版社

图书在版编目(CIP)数据

青少年学法用法：以案释法 / 侯淑雯主编.
--北京：中国言实出版社，2022.11
　　ISBN 978-7-5171-4044-3

　　Ⅰ.①青… Ⅱ.①侯… Ⅲ.①法律－中国－青少年读物 Ⅳ.①D920.4

中国版本图书馆 CIP 数据核字（2022）第 254928 号

青少年学法用法：以案释法

责任编辑：郭江妮
责任校对：王建玲

出版发行	中国言实出版社
地　　址	北京市朝阳区北苑路 180 号加利大厦 5 号楼 105 室
邮　　编	100101
编辑部	北京市海淀区花园路 6 号院 B 座 6 层
邮　　编	100088
电　　话	010-64924853（总编室）　010-64924716（发行部）
网　　址	www.zgyscbs.cn　电子邮箱：E-mail：zgyscbs@263.net

经　　销	新华书店
印　　刷	三河市腾飞印务有限公司
版　　次	2023 年 3 月第 1 版　2023 年 3 月第 1 次印刷
规　　格	710 毫米×1000 毫米　1/16　8 印张
字　　数	100 千字
定　　价	28.00 元
书　　号	ISBN 978-7-5171-4044-3

前 言

习近平总书记在中央全面依法治国工作会议上讲话强调:"普法工作要紧跟时代,在针对性和实效性上下功夫,特别是要加强青少年法治教育,不断提升全体公民法治意识和法治素养。"加强青少年法治教育,使广大青少年学生从小树立法治观念,养成自觉守法、遇事找法、解决问题靠法的思维习惯和行为方式,是全面依法治国、加快建设社会主义法治国家的基础工程,是全面贯彻党的教育方针,促进青少年健康成长、全面发展,培养社会主义合格公民的客观要求。

青少年学生历来都是普法宣传教育的重点对象。自从党的十八届四中全会明确提出"把法治教育纳入国民教育体系,从青少年抓起,在中小学设立法治知识课程"以来,各有关部门、各级各类学校通过多种途径开展了形式多样的青少年法治宣传教育,广大青少年法律素质明显提高。《中央宣传部、司法部关于开展法治宣传教育的第八个五年规划(2021—2025年)》强调要加强青少年法治教育,同时指出把民法典纳入国民教育体系,加强对青少年民法典教育。

为积极响应国家政策号召,卓有成效地开展青少年学生法治教育,我们邀请了从事多年青少年普法教育和青少年问题研究的专家编写了《青少年学法用法:以案释法》。本书采取全新的编写手法,从12个方面以问答的形式分别阐述青少年应该掌握和了解的法律知识要点,同时选编了适合青少年学生学习的"宪法学习案例"、"民法典学习案例"、"未成年人权益保护案例"、"预防未成年人犯罪警示案例"、"国家安全警示案例"、"公共卫生安全警示案例"、"出行安全警示案例"、"校园伤害警示案例"、"沉迷网络警示案例"、"家庭伤害警示案例"、"社会交往警示案例"、

"毒品违法警示案例"等典型案例。每个案例都采取"案情回放"→"案例评析"→"法条链接"的体例来编写,克服了过去某些普法教材篇幅长、说教性强,读之枯燥无味的缺点,增强了教材的趣味性、可读性和针对性。本书是青少年学法用法,学校法制课教师、法制副校长(法制辅导员)以及法制宣传干部必备的辅导参考教材。

本书由北京大学、清华大学、中国人民大学、中国政法大学等高校的专家、教授参与编写。书中如有不足之处,敬请批评指正。

目 录
CONTENTS

第一章 学习宪法

▶宪法知识概述 …………………………………………… 1

▶宪法学习案例 …………………………………………… 4

  1. 家长强迫义务教育阶段孩子辍学是违法的 ………… 4

  2. 拒服兵役须承担法律后果 …………………………… 6

  3. 未成年人为什么不能行使选举权 …………………… 8

  4. 国歌尊严不容践踏 …………………………………… 9

第二章 学习民法典

▶民法典知识概述 ………………………………………… 11

▶民法典学习案例 ………………………………………… 16

  1. 老人跌倒了扶不扶 …………………………………… 16

  2. 这个诉讼时效过期了吗 ……………………………… 17

  3. 非婚生子女"认亲"权利如何保障 ………………… 18

  4. 离婚后如何确定子女直接抚养方 …………………… 19

  5. 小孩高空抛物伤人谁担责 …………………………… 22

第三章　学习未成年人保护法

▶ 未成年人保护法知识概述 ……………………………………… 23
▶ 未成年人权益保护案例 ………………………………………… 28
　1. 逼儿子"头悬梁"读书不是教育是违法 …………………… 28
　2. 向未成年人出售烟酒应依法承担相应责任 ……………… 31
　3. 让"强制报告制度"管住伸向孩子的"黑手" …………… 32
　4. 学校应建立学生欺凌防控制度 ……………………………… 35

第四章　学习预防未成年人犯罪法

▶ 预防未成年人犯罪法知识概述 ………………………………… 39
▶ 预防未成年人犯罪警示案例 …………………………………… 42
　1. 阳光学校让"熊孩子"蜕变 ………………………………… 42
　2. 好奇心引发的诈骗获刑 3 年 ………………………………… 44
　3. 利用未成年人侵害未成年人犯罪案 ………………………… 46

第五章　学习国家安全知识

▶ 国家安全法知识概述 …………………………………………… 50
▶ 国家安全警示案例 ……………………………………………… 53
　1. 照片不能任性拍，更不可以任性晒 ………………………… 53
　2. 赴港学习研究生涉嫌煽动颠覆国家政权罪 ………………… 54
　3. 渔民发现境外水下探测器立大功 …………………………… 55

第六章 学习公共卫生安全知识

▶ 公共卫生安全知识概述 ·················· 58
▶ 公共卫生安全警示案例 ·················· 60
   1. 伪造核酸检测阴性证明被拘留 ·············· 60
   2. 营养餐"不营养",涉事企业负责人被刑拘 ········ 61
   3. 销售伪劣口罩损害社会公共利益被公诉 ········· 64

第七章 学习道路交通安全知识

▶ 出行安全知识概述 ····················· 66
▶ 出行安全警示案例 ····················· 70
   1. 跑闯红灯过马路酿祸患 ················· 70
   2. 驾驶电动自行车不佩戴安全头盔隐患大 ········· 72
   3. 快乐出游更需防范安全隐患 ·············· 73

第八章 学习校园内维权知识

▶ 校园伤害维权知识概述 ·················· 76
▶ 校园伤害警示案例 ····················· 78
   1. 学生在校遭殴打侮辱,校园暴力现象须警惕 ······ 78
   2. 教师猥亵学生,绝对零容忍 ·············· 80
   3. 班干部催交作业致同学意外受伤需担责 ········ 82

第九章 学习预防沉迷网络知识

▶ 预防沉迷网络知识概述 ·················· 84
▶ 沉迷网络警示案例 ····················· 86
   1. 未成年人巨额打赏主播,钱能要回吗 ·········· 86

2. 中学生控制不住玩手机欲轻生 …………………………… 88
　　3. 受网络小说不良影响犯下诈骗罪 …………………………… 89

第十章　学习预防家庭伤害知识

▶ 预防家庭伤害知识概述 ……………………………………… 92
▶ 家庭伤害警示案例 …………………………………………… 94
　　1. 父亲暴力管教女儿被撤销监护人资格 ……………………… 94
　　2. 女孩母亲被判虐待罪获刑四年半 …………………………… 96
　　3. 对同住老人进行经常性谩骂构成家庭暴力 ………………… 98

第十一章　学习预防社会交往伤害知识

▶ 预防社会交往伤害知识概述 ………………………………… 100
▶ 社会交往伤害警示案例 ……………………………………… 102
　　1. "近墨者黑"的例证 ………………………………………… 102
　　2. 未成年少女两度遭性侵，为交友不慎再敲警钟 …………… 103
　　3. 通过婚恋交友实施诈骗 ……………………………………… 105

第十二章　学习预防毒品违法犯罪知识

▶ 预防毒品违法犯罪知识概述 ………………………………… 107
▶ 毒品违法犯罪警示案例 ……………………………………… 110
　　1. 毒品是魔鬼，断送花季少女美好前程 ……………………… 110
　　2. 亲情缺失，16岁少年走上吸毒贩毒之路 ………………… 113
　　3. 未成年人贩毒未遂亦获刑 …………………………………… 115

第一章 学习宪法

宪法是国家的根本法，是治国安邦的总章程，是党和人民意志的集中体现。作为治国之重器，宪法与国家前途、人民命运息息相关。学习宣传好宪法，将宪法精神融入血脉、植入灵魂，是法治教育的必然要求。青少年是祖国的未来、民族的希望，通过增强宪法法治教育，在青少年中做到普及宪法知识、弘扬宪法精神、树立宪法权威，从小培养青少年遵从宪法的意识，引导青少年成为宪法的忠实崇尚者、自觉遵守者和坚定捍卫者，让宪法成为青少年灵魂深处的信仰，是宪法宣传教育工作的重要内容。

普法课堂 宪法知识概述

1. 什么是宪法？

宪法是我国的根本法，是治国安邦的总章程，它规定了国家的根本制度和根本任务，是人们行为的基本法律准则，是保持国家统一、民族团结、经济发展、社会进步和长治久安的法律基础，是中国共产党执政兴国、团结全国各民族人民建设中国特色社会主义的法制保证。宪法在国家的整个法律体系中居于主导地位，是国家一切法律法规的总依据，具有最高的法律地位、法律权威、法律效力。

2. 1954年中华人民共和国宪法是怎样产生的？

1954年1月，毛泽东主持起草宪法。9月15日至28日，中华人民共和国第一届全国人民代表大会在北京举行。9月20日，全体代表以无记名投票进行了表决，一致通过了《中华人民共和国宪法》。中国历史上第一部社会主义类型的宪法就此正式诞生。

3. 我国宪法是怎样不断完善的？

我国宪法从1949年起，经历了起临时宪法作用的《共同纲领》、1954年宪法、1975年宪法、1978年宪法和1982年宪法及其几个宪法修正案的主要文本。从新中国成立至今，宪法文本虽然几经修改，但其从一开始所确立的国家的根本性质、根本道路、根本制度、根本任务并没有改变，中国特色社会主义一直是全国各族人民团结奋斗的共同理想。

4. 我国的国家宪法日是哪一天？宪法宣誓誓词的内容是什么？

（1）12月4日是国家宪法日。

（2）宪法宣誓誓词如下。

我宣誓：忠于中华人民共和国宪法，维护宪法权威，履行法定职责，忠于祖国、忠于人民，恪尽职守、廉洁奉公，接受人民监督，为建设富强民主文明和谐美丽的社会主义现代化强国努力奋斗！

5. 我国的根本政治制度是什么？

我国的根本政治制度是人民代表大会制度。

6. 如何理解我国的基本经济制度？

我国的基本经济制度是公有制为主体、多种所有制经济共同发展，按劳分配为主体、多种分配方式并存，社会主义市场经济体制等。

7. 什么是公民的基本权利？公民的基本权利有哪些？

公民的基本权利是指由宪法规定的公民享有的必不可少的某些利益，是公民实施某一行为的可能性。宪法作为国家根本法，不可能，也没有必要对公民的各种权利一一加以规定。因此，宪法所确认的只能是一些基本的权利，即那些表明权利人在国家生活基本领域中所处的法律地位的权利。

公民的基本权利有：（1）法律面前一律平等；（2）选举权和被选举权；（3）言论、出版、集会、结社、游行、示威的自由；（4）有宗教信仰自由；（5）人身自由不受侵犯；（6）人格尊严不受侵犯；（7）住宅不受侵犯；（8）通信自由和通信秘密受法律的保护；（9）对国家机关和国家工作人员有提出批评和建议的权利；对其违法失职行为，有向有关国家机关提出申诉、控告或者检举的权利；（10）有劳动的权利和义务；（11）有休息的权利；（12）在年老、疾病或者丧失劳动能力的情况下，有从国家和社会获得物质帮助的权利；（13）有受教育的权利和义务；（14）有进行科学研究、文学艺术创作和其他文化活动的自由；（15）妇女在政治的、经济的、文化的、社会的和家庭的生活等各方面享有同男子平等的权利；（16）婚姻、家庭、母亲和儿童受国家的保护；（17）保护华侨正当的权利和利益，保护归侨和侨眷的合法的权利和利益。

8. 什么是公民的基本义务？公民的基本义务有哪些？

公民的基本义务是指由宪法规定的公民必须遵守和应尽的根本责任。公民的基本义务是公民对国家具有首要意义的义务。公民的基本义务与基本权利一起共同反映并决定着公民在国家中的政治与法律地位，构成普通法律规定的公民权利和义务的基础和原则。

公民的基本义务有：（1）不得损害国家的、社会的、集体的利益和其他公民的合法的自由和权利；（2）维护国家统一和全国各民族团结；（3）遵守宪法和法律，保守国家秘密，爱护公共财产，遵守劳动纪律，遵守公共秩序，尊重社会公德；（4）维护祖国的安全、荣誉和利益，不得有危害祖国的安全、荣誉和利益的行为；（5）保卫祖国、抵抗侵略，依法服兵役和参加民兵组织；（6）依照法律纳税。除以上五方面基本义务外，公民还有劳动、受教育的义务；夫妻双方有实行计划生育的义务；父母有抚养教育未成年子女的义务；成年子女有赡养扶助父母的义务等。

9. 我国的国家标志有哪些？

我国的国家标志主要包括国旗、国徽、国歌、首都和国庆日。

 宪法学习案例

1. 家长强迫义务教育阶段孩子辍学是违法的

【案情回放】

2017年秋季学期开学时，云南省深度贫困县兰坪县有130多名学生未返校接受教育。经过政府的多次劝返，两个多月后，有120多名学生重返校园，仍有8名学生未能返校。11月24日，为依法维护适龄儿童、少年享受义务教育权益，该县啦井镇人民政府将5户学生家长告上法庭，要求依法判令学生家长立即送子女入学接受并完成义务教育，双方当场就学生返校时限、共同劝导事宜等达成共识，法庭当场下达调解书。

【案例评析】

依法保障适龄儿童上学，是地方政府的法定职责。《中华人民共和国义务教育法》规定："凡具有中华人民共和国国籍的适龄儿童、少年，不分性别、民族、种族、家庭财产状况、宗教信仰等，依法享有平等接受义务教育的权利，并履行接受义务教育的义务""适龄儿童、少年的父母或者其他法定监护人应当依法保证其按时入学接受并完成义务教育"。这种义务具有强制性。让适龄儿童、少年接受义务教育是学校、家长和社会的义务。谁违反这个义务，谁就要受到法律的规范。家长不送学生上学，家长要承担责任。

【法条链接】

《中华人民共和国宪法》

第四十六条　中华人民共和国公民有受教育的权利和义务。

国家培养青年、少年、儿童在品德、智力、体质等方面全面发展。

《中华人民共和国义务教育法》

第四条　凡具有中华人民共和国国籍的适龄儿童、少年，不分性别、民族、种族、家庭财产状况、宗教信仰等，依法享有平等接受义务教育的权利，并履行接受义务教育的义务。

第五条　各级人民政府及其有关部门应当履行本法规定的各项职责，保障适龄儿童、少年接受义务教育的权利。

适龄儿童、少年的父母或者其他法定监护人应当依法保证其按时入学接受并完成义务教育。

依法实施义务教育的学校应当按照规定标准完成教育教学任务，保证教育教学质量。

社会组织和个人应当为适龄儿童、少年接受义务教育创造良好的环境。

第五十八条　适龄儿童、少年的父母或者其他法定监护人无正当理由未依照本法规定送适龄儿童、少年入学接受义务教育的，由当地乡镇人民政府或者县级人民政府教育行政部门给予批评教育，责令限期改正。

青少年学法用法：以案释法

2. 拒服兵役须承担法律后果

【案情回放】

2021年1月21日，山东省菏泽市牡丹区人民政府官网发布《关于对2020年拒服兵役人员的行政处罚通告》（以下简称《通告》）。《通告》称，刘某到部队后思想出现反复，多次要求回家，拒服兵役，态度坚决，其所在部队于2020年11月30日根据相关规定，给予其除名处理。《通告》指出，牡丹区人民政府征兵办公室根据《中华人民共和国兵役法》相关规定，决定给予其按照2020年牡丹区义务兵优待金（14288元）3倍的标准（42864元）经济处罚；不得被录用为公务员或参照公务员法管理的工作人员，事业单位不得对其进行招录；自2021年1月1日起，两年内不得办理出国（境）手续，不得办理复学和升学手续；3年内不得办理工商营业执照、不得办理务工证明手续；由公安部门将个人户籍"服役栏"备注"拒服兵役"永久字样；组织进行为期10天的兵役法律法规学习教育；将刘某作为违反《兵役法》的反面典型，通过新闻媒体向社会通报。

（来源：澎湃新闻2021年1月24日）

【案例评析】

依法服兵役是法律赋予每个公民应尽的义务和职责。《宪法》第55条明确规定："保卫祖国、抵抗侵略是中华人民共和国每一个公民的神圣职责。依照法律服兵役和参加民兵组织是中华人民共和国公民的光荣义务。"《国防法》第53条第1款规定，依照法律服兵役和参加民兵组织是中华人民共和国公民的光荣义务。

刘某拒服兵役虽然只是个别现象，由此带来的教训却发人深省。许多青年在入伍前，对军人职业的认知只停留在感性层面，对军旅生活的了解大多来自影视作品，事实上并没有做好入伍的心理准备。

第一章 学习宪法

踏入军营后，少数缺乏吃苦精神的适龄青年因适应不了部队严肃紧张的训练生活，容易产生惧怕和排斥心理，乃至打了"退堂鼓"。

《国防法》规定，普及和加强国防教育是全社会的共同责任。国家通过开展国防教育，使全体公民增强国防观念、强化忧患意识、掌握国防知识、提高国防技能、发扬爱国主义精神，依法履行国防义务。同时还规定，学校的国防教育是全民国防教育的基础。各级各类学校应当设置适当的国防教育课程，或者在有关课程中增加国防教育的内容。普通高等学校和高中阶段学校应当按照规定组织学生军事训练。各级各类中小学要不断加强国防教育，激发青少年的爱国热情，树立为建设祖国、保卫祖国而努力学习的正确学习目的，补足精神之钙；让青少年多在风雨中经受锤炼，造就坚强的意志，努力成长为德智体美劳全面发展的社会主义建设者和接班人。

【法条链接】

《中华人民共和国兵役法》

第五十七条 有服兵役义务的公民有下列行为之一的，由县级人民政府责令限期改正；逾期不改正的，由县级人民政府强制其履行兵役义务，并处以罚款：

（一）拒绝、逃避兵役登记的；

（二）应征公民拒绝、逃避征集服现役的；

（三）预备役人员拒绝、逃避参加军事训练、担负战备勤务、执行非战争军事行动任务和征召的。

有前款第二项行为，拒不改正的，不得录用为公务员或者参照《中华人民共和国公务员法》管理的工作人员，不得招录、聘用为国有企业和事业单位工作人员，两年内不准出境或者升学复学，纳入履行国防义务严重失信主体名单实施联合惩戒。

3. 未成年人为什么不能行使选举权

【案情回放】

小明是家住农村的初二学生,今年 14 周岁。前不久,小明所在的村子进行了村委会的换届选举,小明想起政治老师课上讲到过公民具有选举权,于是也想当一次选民行使选举的权利,但是到了选举地点之后,小明发现到场的都是大人,大家都持有统一规格的选民资格证和选票,唯独他没有。

【案例评析】

选举权和被选举权是我国公民最基本的权利,也是公民行使国家主权的主要表现。所谓选举权是指公民按照自己的意愿,依照法律规定的程序,选举产生各级权力机关的组成人员和选举产生依法应当通过选举方式产生的其他国家公职人员的权利。所谓被选举权是指公民有依照法律规定被选举成为各级人大代表和依法应当通过选举方式产生的其他国家公职人员的权利。《宪法》第 34 条规定,中华人民共和国年满 18 周岁的公民,不分民族、种族、性别、职业、家庭出身、宗教信仰、教育程度、财产状况、居住期限,都有选举权和被选举权;但是依照法律被剥夺政治权利的人除外。本条的规定只是表明公民都有选举权和被选举权,强调的是选举权和被选举权的平等性和普遍性,并不等于现实的权利,并不是所有人都能行使选举权。根据本条的规定,享有选举权与被选举权需要满足 3 个条件:一是年满 18 周岁,二是中国公民,三是未被剥夺政治权利。所以,本案中的小明现在无法行使选举权,只有年满 18 周岁同时没有被剥夺政治权利才可以行使选举权。

【法条链接】

《中华人民共和国宪法》

第三十四条 中华人民共和国年满十八周岁的公民,不分民族、种族、性别、职业、家庭出身、宗教信仰、教育程度、财产状况、居住期限，都有选举权和被选举权；但是依照法律被剥夺政治权利的人除外。

《中华人民共和国全国人民代表大会和地方各级人民代表大会选举法》

第二十七条 选民登记按选区进行，经登记确认的选民资格长期有效。每次选举前对上次选民登记以后新满十八周岁的、被剥夺政治权利期满后恢复政治权利的选民，予以登记。对选民经登记后迁出原选区的，列入新迁入的选区的选民名单；对死亡的和依照法律被剥夺政治权利的人，从选民名单上除名。

4. 国歌尊严不容践踏

【案情回放】

某直播平台主播杨某某在直播过程中，公然戏唱国歌，有辱国歌尊严，引发网民反感。经警方调查，2018年10月7日晚，涉事人杨某某（女，20周岁）在其住宅内进行网络直播时，违反了《中华人民共和国国歌法》有关规定，上海市公安局静安分局依法对杨某某处以行政拘留5日的处罚。

（来源：警民直通车—静安2018年10月13日）

【案例评析】

中华人民共和国国旗、国徽、国歌，是中华人民共和国的象征和标志，一切公民和组织都应当尊重和爱护国旗、国徽、国歌，维护国旗、国徽、国歌的尊严。《中华人民共和国国歌法》规定，在公共场合，故意篡改国歌歌词、曲谱，以歪曲、贬损方式奏唱国歌，或者以其他方式侮辱国歌的，由公安机关处以警告或者15日以下拘留；构成犯罪的，依法追究刑事责任。网络直播空间不是法外之地，同样要守法律、讲道德。对于此等挑战法律底线、违反公序良俗的行为，公安机关一定会坚决依法打击，切实净化网络环境。

【法条链接】

《中华人民共和国宪法》

第一百四十一条　中华人民共和国国旗是五星红旗。

中华人民共和国国歌是《义勇军进行曲》。

第一百四十二条　中华人民共和国国徽，中间是五星照耀下的天安门，周围是谷穗和齿轮。

《中华人民共和国国旗法》

第十九条　不得升挂或者使用破损、污损、褪色或者不合规格的国旗，不得倒挂、倒插或者以其他有损国旗尊严的方式升挂、使用国旗。

不得随意丢弃国旗。破损、污损、褪色或者不合规格的国旗应当按照国家有关规定收回、处置。大型群众性活动结束后，活动主办方应当收回或者妥善处置活动现场使用的国旗。

《中华人民共和国国徽法》

第十八条　在公共场合故意以焚烧、毁损、涂划、玷污、践踏等方式侮辱中华人民共和国国徽的，依法追究刑事责任；情节较轻的，由公安机关处以十五日以下拘留。

《中华人民共和国国歌法》

第六条　奏唱国歌，应当按照本法附件所载国歌的歌词和曲谱，不得采取有损国歌尊严的奏唱形式。

第八条　国歌不得用于或者变相用于商标、商业广告，不得在私人丧事活动等不适宜的场合使用，不得作为公共场所的背景音乐等。

第十五条　在公共场合，故意篡改国歌歌词、曲谱，以歪曲、贬损方式奏唱国歌，或者以其他方式侮辱国歌的，由公安机关处以警告或者十五日以下拘留；构成犯罪的，依法追究刑事责任。

第二章 学习民法典

2020年5月28日,十三届全国人大三次会议审议通过的《中华人民共和国民法典》(以下简称《民法典》),作为新中国成立以来第一部以"法典"命名的法律,是新时代我国社会主义法治建设的重大成果。《中央宣传部、司法部关于开展法治宣传教育的第八个五年规划(2021—2025年)》指出,把民法典纳入国民教育体系,加强对青少年民法典教育。《全国教育系统开展法治宣传教育的第八个五年规划(2021—2025年)》规定深入学习宣传民法典,重点宣传民法典中国特色社会主义的特质、基本原则、基本要求和新规定新概念新精神,将民法典教育纳入国民教育体系,加强青少年民法典教育,推动教育系统干部师生学好用好民法典。

加强对青少年民法典教育,对于推动新时代法治宣传教育聚焦青少年意义重大。《民法典》全面宣示了每个人终其一生的权利,是关乎人民群众切身利益的"社会生活百科全书",对处于人生观、价值观形成阶段的青少年来说,学习《民法典》不仅是一次普法过程,更有利于树立契约精神、规则意识和诚信意识。

普法课堂 民法典知识概述

1. 什么是民法典?

《民法典》被称为"社会生活的百科全书",在法律体系中居于基础性地位，是市场经济的基本法。《民法典》共7编、1260条，各编依次为总则、物权、合同、人格权、婚姻家庭、继承、侵权责任以及附则，自2021年1月1日起施行。

2. 胎儿具有民事权利吗？

胎儿即具有民事权利。《民法典》总则编"自然人"一章中，将对每个人保护的起点前移到了胎儿时期。《民法典》第16条规定，涉及遗产继承、接收赠与等胎儿利益保护的，胎儿视为具有民事权利能力。但是，胎儿娩出时为死体的，其民事权利能力自始不存在。

3. 限制民事行为能力人的年龄是怎样规定的？

根据《民法典》第19条的规定，8周岁以上的未成年人是限制民事行为能力人。未成年人作为限制民事行为能力人可以独立实施纯获利益的民事法律行为或者与其年龄、智力相适应的民事法律行为，除此以外的民事法律行为由其法定代理人代理或者经其法定代理人同意、追认。但也有例外，16周岁以上的未成年人，以自己的劳动收入为主要生活来源的，视为完全民事行为能力人。

4. 未成年人打赏支出应该返还吗？

《民法典》总则编"自然人"一章中，划出三个年龄界限。《最高人民法院关于依法妥善审理涉新冠肺炎疫情民事案件若干问题的指导意见（二）》明确提出，限制民事行为能力人未经其监护人同意，参与网络付费游戏或者网络直播平台"打赏"等方式支出与其年龄、智力不相适应的款项，监护人请求网络服务提供者返还该款项的，人民法院应予支持。

5. 疫情防控期间，监护人无法履行监护职责，被监护人的生活怎么办？

《民法典》总则编"自然人"一章监护一节中新增被监护人住

第二章 学习民法典

所地的居民委员会、村民委员会或者民政部门应当为被监护人安排必要的临时生活照料措施。这一规定能有效避免当父母或者监护人因疫情被隔离，儿童却无人照料的情况，完善了在疫情等突发情况下对儿童的保护。

6. 不直接抚养非婚生子女的父或母是否应该支付未成年子女的抚养费？

《民法典》第1071条第2款规定，不直接抚养非婚生子女的生父或者生母，应当负担未成年子女的抚养费。《民法典》婚姻家庭编"家庭关系"一章中，扩大了不直接抚养非婚生子女的生父或者生母应当负担抚养费的范围，包括未成年子女或者不能独立生活的成年子女，保障了虽成年但不能独立生活的非婚生子女的权益，比如，残疾儿、因患病或遭遇意外等无法独立生活的非婚生子女。

7. 父母离婚后，子女的居住权如何保护？

《民法典》第366条规定，居住权人有权按照合同约定，对他人的住宅享有占有、使用的用益物权，以满足生活居住的需要。未成年人在未能独立生活前，必须依靠父母或者其他近亲属的抚养才能健康成长，《民法典》物权编"居住权"一章中规定了可通过协议或者遗嘱方式设立居住权，给予儿童居住权充分保护，特别是在父母离婚、分割夫妻共同财产权时。

8. 父母离婚后，未成年子女归谁抚养？

《民法典》第1084条规定，离婚后，不满两周岁的子女，以由母亲直接抚养为原则。已满两周岁的子女，父母双方对抚养问题协议不成的，由人民法院根据双方的具体情况，按照最有利于未成年子女的原则判决。子女已满8周岁的，应当尊重其真实意愿。《民法典》婚姻家庭编"离婚"一章中，增加了已满8周岁的子女自行决定跟谁的条文，尊重已满 8 周岁的未成年人的意愿，更有利于未成年人在舒适的环境中健康成长。

9. 父母离婚后的未成年子女生活如何得到保障？

《民法典》第 1085 条第 1 款规定，离婚后，子女由一方直接抚养的，另一方应当负担部分或者全部抚养费。负担费用的多少和期限的长短，由双方协议；协议不成的，由人民法院判决。《民法典》婚姻家庭编"离婚"一章中，将离婚后未直接抚养子女的一方应当负担"必要的生活费和教育费"，修改为"应当负担部分或者全部抚养费"，为法院裁判提供了法律依据，有利于使父母离婚后的未成年人的生活得到充分保障。

10. 《民法典》规定如何收养子女？

根据《民法典》的相关规定，收养人应当无子女或者只有一名子女。无配偶者收养异性子女的，收养人与被收养人的年龄应当相差 40 周岁以上。县级以上人民政府民政部门应当依法进行收养评估。《民法典》婚姻家庭编"收养"一章中，结合我国的二孩政策，将收养人的条件从"无子女"扩大到"无子女或者只有一名子女"，拓宽了收养人的范围，同时增加了无配偶异性之间收养年龄差、进行收养评估的规定。

11. 未成年人在幼儿园、学校或者其他教育机构学习、生活期间受到人身损害如何处理？

根据《民法典》第 1199 条至 1201 条的规定，未成年人在幼儿园、学校或者其他教育机构学习、生活期间受到人身损害的，应做如下处理。

（1）无民事行为能力人在幼儿园、学校或者其他教育机构学习、生活期间受到人身损害的，幼儿园、学校或者其他教育机构应当承担侵权责任；但是，能够证明尽到教育、管理职责的，不承担侵权责任。

（2）限制民事行为能力人在学校或者其他教育机构学习、生活期间受到人身损害，学校或者其他教育机构未尽到教育、管理职责的，应当承担侵权责任。

（3）无民事行为能力人或者限制民事行为能力人在幼儿园、学校或者其他教育机构学习、生活期间，受到幼儿园、学校或者其他教育机构以外的第三人人身损害的，由第三人承担侵权责任；幼儿园、学校或者其他教育机构未尽到管理职责的，承担相应的补充责任。幼儿园、学校或者其他教育机构承担补充责任后，可以向第三人追偿。

12.《民法典》中规定什么是"性骚扰"？如何预防性骚扰？

《民法典》第1010条规定，违背他人意愿，以言语、文字、图像、肢体行为等方式对他人实施性骚扰的，受害人有权依法请求行为人承担民事责任。机关、企业、学校等单位应当采取合理的预防、受理投诉、调查处置等措施，防止和制止利用职权、从属关系等实施性骚扰。

13.《民法典》对未成年人受到性侵害的诉讼时效是如何规定的？

《民法典》把"最有利于未成年人原则"贯穿始终，给受性侵害的未成年人成年后提供寻求法律保护的机会，对其受性侵的损害赔偿请求权诉讼时效期间的起算作出了特殊规定。《民法典》第191条规定，未成年人遭受性侵害的损害赔偿请求权的诉讼时效期间，自受侵害人年满18周岁之日起计算。也就是说，受到性侵害的未成年受害人在年满18岁后，可以自己的名义向法院起诉，要求加害人承担民事损害赔偿责任。

以案释法 民法典学习案例

1. 老人跌倒了扶不扶

【案情回放】

小张是一名大三学生,在过马路的时候看到一位老太太摔倒了,此时他的心底泛起疑惑。新闻上关于"扶不扶"有着太多案例,许多年轻人因为误扶老人,最终陷入巨额赔偿等问题之中。小张不知道自己该不该扶起老太太。

【案例评析】

"老人跌倒了扶不扶",《民法典》给出了一个肯定的答案——扶。《民法典》第183条规定,因保护他人民事权益使自己受到损害的,由侵权人承担民事责任,受益人可以给予适当补偿。没有侵权人、侵权人逃逸或者无力承担民事责任,受害人请求补偿的,受益人应当给予适当补偿。意思是,当你看到有人摔倒了,前去扶起对方,如果你因此受到了损害,那么一切损失由撞倒的人赔偿,且摔倒被扶的人可以适当补偿;如果撞倒人的逃跑了,那么你可以让你扶起来的人进行赔偿。第184条规定,因自愿实施紧急救助行为造成受助人损害的,救助人不承担民事责任。意思是,你自愿去扶摔倒的人的时候,如果对方出现了新的损害,和你没有关系,你可以不用负民事责任。这两条都是从助人者的角度制定的法律,维护了见义勇为的人的权利,让人更加放心大胆地去做好事。不过关于老人摔倒后被扶起随后讹钱,应该怎么追究这位老人的责任,目前依然没有确切的条文。

【法条链接】

《中华人民共和国民法典》

第一百八十三条 因保护他人民事权益使自己受到损害的,由侵权人承担民事责任，受益人可以给予适当补偿。没有侵权人、侵权人逃逸或者无力承担民事责任，受害人请求补偿的，受益人应当给予适当补偿。

第一百八十四条　因自愿实施紧急救助行为造成受助人损害的，救助人不承担民事责任。

2. 这个诉讼时效过期了吗

【案情回放】

小红在读初中时曾被当地的一名不法分子老王性侵，老王威胁小红，如果小红敢把这件事说出去，就会对她全家实施打击报复。当时，小红心里非常害怕，出于保护家人等原因，一直不敢声张。考上大学后，小红决定捍卫自己的权益，起诉老王。过了这么久，小红还可以起诉吗？

【案例评析】

近年来，未成年人被性侵害的事件日渐频发。受到性侵害的未成年人可能因为年幼和恐惧不敢对外声张，未成年人的家长也出于不知情或保护未成年人名誉等原因没有起诉。《民法典》第191条对未成年人受性侵害的损害赔偿请求权的诉讼时效期间作出明确规定，即自受害人年满18周岁之日起计算。诉讼时效为3年。符合法律规定的诉讼时效中止、中断情形的，可以相应中止、中断。这一规定主要是为了更好地保护受害人的合法权益。

本条规定有利于充分保障未成年人的性尊严，充分保护未成年人不遭受性侵害的权利，有利于保护未成年人损害赔偿自主决定权。根据本条规定，自然人在未满18周岁前遭受性侵害的，无论男女，无论未成年人当时由于何种原因而未主张权利，法律均赋予其在年满18周岁之日起3年内（21周岁内）对侵害人提起诉讼、请求损害赔偿的权利。侵害人不仅应当承担赔偿损失等民事责任，还可能因此承担刑事责任、行政责任。

【法条链接】

《中华人民共和国民法典》

第一百八十八条　向人民法院请求保护民事权利的诉讼时效期间为三年。法律另有规定的，依照其规定。

诉讼时效期间自权利人知道或者应当知道权利受到损害以及义务人之日起计算。法律另有规定的，依照其规定。但是，自权利受到损害之日起超过二十年的，人民法院不予保护，有特殊情况的，人民法院可以根据权利人的申请决定延长。

3. 非婚生子女"认亲"权利如何保障

【案情回放】

王女士与李先生于2018年4月相识，半年后两人确认恋爱关系，后王女士怀孕并产下一女。王女士称："孩子出生时，李先生没有任何表示，称因双方曾是朋友，可以给予一些帮助。"为此，王女士向法院提起诉讼，要求确认孩子与李先生存在亲子关系。

诉讼中，李先生称："孩子出生时，我托人给王女士带了5000元钱，但我不确认和孩子是否存在亲子关系，因此我愿意配合进行司法鉴定。如果具有亲子关系，我也愿意承担大额医疗、教育费用。"

经司法鉴定机构鉴定后，认为依据现有资料和DNA分析结果，支持李先生为孩子生物学父亲，双方对于鉴定结论均无异议。

法院经审理认为，《民法典》第1073条规定，对亲子关系有异议且有正当理由的，父或者母可以向人民法院提起诉讼，请求确认或者否认亲子关系。本案中，司法鉴定机构已对被告与孩子之间是否存在亲子关系进行了鉴定，被告亦予以认可，故原告请求确认孩子与被告之间存在亲子关系的诉讼请求应予支持。

（来源：中国法院网2021年8月18日）

第二章 学习民法典

【案例评析】

"亲子关系纠纷"是《民法典》生效后的新增案由之一。亲子关系是亲子法律制度的基础,对于个人的成长、家庭的和睦以及社会的安定团结具有无法估量的影响,其中在法律层面集中体现为父母与子女之间的权利和义务关系。亲子身份关系的安定,婚姻、家庭的和谐稳定和未成年子女利益最大化始终是人民法院处理涉及亲子关系的案件所遵循的基本原则。《民法典》将诉讼主体由"夫妻一方"修改为"父或母",这是第一次正式在国家立法层面规定了亲子关系确认和否认之诉,明确了提起诉讼的主体身份要求及相应的诉讼请求范围,进而规范了亲子关系确认和否认之诉。《民法典》契合新时代变化的特点,对于亲子关系异议诉讼的规则作出了较大的调整和补充,而且明确了确认或者否认亲子关系的诉讼主体,提高了诉讼的门槛,这对维护家庭稳定和社会和谐具有重大意义。

【法条链接】

《中华人民共和国民法典》

第一千零七十三条 对亲子关系有异议且有正当理由的,父或者母可以向人民法院提起诉讼,请求确认或者否认亲子关系。

对亲子关系有异议且有正当理由的,成年子女可以向人民法院提起诉讼,请求确认亲子关系。

4. 离婚后如何确定子女直接抚养方

【案情回放】

原告张某与被告王某于2012年登记结婚,2013年生育一子张小某。2019年6月,原告向法院起诉离婚,法院判决不准双方离婚。一年后,原、被告仍无法和好,张某再次将王某诉至法院,诉请判令原、被告离婚;婚生子张小某归原告抚养,被告支付抚养费;夫妻共同财产依法分割;诉讼费用由被告承担。

被告表示同意离婚，要求分割坐落于某小区的房屋及地下室，但此房尚未取得房屋所有权证。原、被告夫妻共同财产为北京现代汽车一辆，在婚姻关系存续期间，被告将此车变卖2万元。原、被告均认可双方没有共同债权债务。原、被告争议的焦点是都想取得孩子的抚养权。

一审期间，王某作为孩子的母亲拿出给孩子录的视频为证，视频中，孩子用稚嫩的声音说："我喜欢妈妈。"王某认为张某作为父亲业务繁忙，根本无法精心照顾孩子，会耽误孩子学习和成长，自己更适合抚养孩子。张某作为父亲，认为孩子妈妈王某住所离学校远，自己虽然忙，但爷爷奶奶无论在时间上还是经济上都能帮助照顾孩子，且爷爷奶奶住所离孩子学校近，接送孩子很方便。为了得到抚养权，张某在庭审后法官主持的调解中表示，如果孩子归他抚养，他自愿放弃向王某主张抚养费的诉讼请求，放弃对汽车的分割，房屋也可由王某继续居住。

最终，法院判决：一、准予双方离婚；二、张小某随其父亲张某生活；三、王某每周探望张小某一次，具体探望时间、地点及方式由原、被告自行协商；四、未取得房产证的涉案房屋归王某居住使用。

（来源：山东省高级人民法院网2021年7月19日）

【案例评析】

确定父母一方与未成年子女的抚养关系时，应根据子女的最大利益原则综合考虑以下因素：（1）直接抚养人的抚养能力；（2）抚养子女的意愿及对子女的感情和态度；（3）子女的年龄和性别；（4）子女受教育环境的继续性和适应性；（5）其他可供参考的因素。

其他参考因素有：（1）子女的年龄是参考因素但不是绝对因素，如果母亲存在虐待或遗弃子女、被判处长期徒刑等不利于子女与其

第二章 学习民法典

共同生活的情况，也可以由父亲一方抚养子女；（2）对于两周岁以上子女，父母均有抚养意愿、抚养条件相近的，还需要考虑父母一方身体状况，是否有利于子女身心健康等综合因素；（3）婚姻中的过错不是剥夺对子女抚养权的理由，不能一概剥夺过错方对子女的抚养权；（4）当事人在离婚诉讼中应明确提出对未成年子女抚养问题的请求，如当事人就子女抚养问题未达成一致，又坚持不要求人民法院处理子女抚养问题的，可以判决不准离婚。

本案中，孩子张小某还不是完全民事行为能力人，其从感情上对母亲的依赖，不能作为选择对其利益最大化的唯一标准。原、被告双方抚养子女条件基本相同，双方均要求子女抚养权，但张小某随祖父母生活时间较长，且祖父母有能力、有意愿帮助抚养，可以作为争取抚养权的有利条件予以考虑，特别是对于张小某来说已形成了较为稳定的生活模式及学习环境，随意改变势必影响其生活及学习，因此张小某由张某抚养为宜，母亲王某可充分行使探望权。考虑到张某在调解中宁愿放弃房屋居住权、车辆及抚养费，也愿意抚养孩子的意愿，一审法院判决准予双方离婚，张小某随其父亲张某生活，王某每周探望张小某一次，未取得房产证的涉案房屋归王某居住使用。二审法院维持原判。

【法条链接】

《中华人民共和国民法典》

第一千零八十四条　父母与子女间的关系，不因父母离婚而消除。离婚后，子女无论由父或者母直接抚养，仍是父母双方的子女。

离婚后，父母对于子女仍有抚养、教育、保护的权利和义务。

离婚后，不满两周岁的子女，以由母亲直接抚养为原则。已满两周岁的子女，父母双方对抚养问题协议不成的，由人民法院根据双方的具体情况，按照最有利于未成年子女的原则判决。子女已满八周岁的，应当尊重其真实意愿。

5. 小孩高空抛物伤人谁担责

【案情回放】

一日，章某在小区花园内散步，经过 3 单元楼下时，一瓶矿泉水从楼上掉落，砸到章某头部，导致其摔倒。章某被送入医院治疗，经检查，章某为轻微脑震荡，且因摔倒导致身上多处皮肤挫伤。

章某的家人报警后，民警到现场排查并调取小区公共视频，确定矿泉水为 3 单元 3 楼的住户孙某之子从阳台丢下的，孙某之子目前正就读小学三年级。章某是否有权要求赔偿，应向谁主张赔偿？

【案例评析】

高空抛物被称为"悬在城市上空的痛"，对社会产生巨大的危害。根据《民法典》的规定，高空抛物或从建筑物上坠落的物品致人损害的，侵权人需要承担赔偿责任；如果无法确定具体的侵权人，则由可能加害的人共同补偿。本案中，民警调查锁定侵权人为孙某之子，但因其为限制民事行为能力人，故根据法律规定，由其监护人孙某承担侵权责任。

【法条链接】

《中华人民共和国民法典》

第一千一百八十八条第一款　无民事行为能力人、限制民事行为能力人造成他人损害的，由监护人承担侵权责任。监护人尽到监护职责的，可以减轻其侵权责任。

第一千二百五十四条第一款　禁止从建筑物中抛掷物品。从建筑物中抛掷物品或者从建筑物上坠落的物品造成他人损害的，由侵权人依法承担侵权责任；经调查难以确定具体侵权人的，除能够证明自己不是侵权人的外，由可能加害的建筑物使用人给予补偿。可能加害的建筑物使用人补偿后，有权向侵权人追偿。

第三章　学习未成年人保护法

未成年人是祖国未来的建设者，是中国特色社会主义事业的接班人。因此，未成年人需要国家、社会、学校、家庭给予特殊的保护。《中华人民共和国未成年人保护法》（以下简称《未成年人保护法》）旨在引导未成年人健康成长，促进其德智体美劳全面发展，不断培育有理想、有道德、有文化、有纪律的社会主义接班人。进一步做好未成年人保护工作，不仅是促进未成年人健康成长、维护社会稳定的需要，也是保障国家未来可持续发展的战略选择，保证实现"少年强中国强"，实现中华民族伟大复兴的中国梦。

普法课堂　未成年人保护法知识概述

1. 未成年人的父母或其他监护人应履行哪些监护职责？

（1）为未成年人提供生活、健康、安全等方面的保障；

（2）关注未成年人的生理、心理状况和情感需求；

（3）教育和引导未成年人遵纪守法、勤俭节约，养成良好的思想品德和行为习惯；

（4）对未成年人进行安全教育，提高未成年人的自我保护意识和能力；

（5）尊重未成年人受教育的权利，保障适龄未成年人依法接受并完成义务教育；

（6）保障未成年人休息、娱乐和体育锻炼的时间，引导未成年人进行有益身心健康的活动；

（7）妥善管理和保护未成年人的财产；

（8）依法代理未成年人实施民事法律行为；

（9）预防和制止未成年人的不良行为和违法犯罪行为，并进行合理管教；

（10）其他应当履行的监护职责。

2. 监护人不得实施的行为有哪些？

（1）虐待、遗弃、非法送养未成年人或者对未成年人实施家庭暴力；

（2）放任、教唆或者利用未成年人实施违法犯罪行为；

（3）放任、唆使未成年人参与邪教、迷信活动或者接受恐怖主义、分裂主义、极端主义等侵害；

（4）放任、唆使未成年人吸烟（含电子烟）、饮酒、赌博、流浪乞讨或者欺凌他人；

（5）放任或者迫使应当接受义务教育的未成年人失学、辍学；

（6）放任未成年人沉迷网络，接触危害或者可能影响其身心健康的图书、报刊、电影、广播电视节目、音像制品、电子出版物和网络信息等；

（7）放任未成年人进入营业性娱乐场所、酒吧、互联网上网服务营业场所等不适宜未成年人活动的场所；

（8）允许或者迫使未成年人从事国家规定以外的劳动；

（9）允许、迫使未成年人结婚或者为未成年人订立婚约；

（10）违法处分、侵吞未成年人的财产或者利用未成年人牟取不正当利益；

（11）其他侵犯未成年人身心健康、财产权益或者不依法履行未成年人保护义务的行为。

3. 针对农村留守儿童监护缺失问题如何处理？

针对农村留守儿童等群体的监护缺失问题，完善了委托照护制度。明确未成年人的父母或者其他监护人"应当委托具有照护能力的完全民事行为能力人代为照护"，在确定被委托人时应"听取有表达意愿能力未成年人的意见"，并规定监护人应当"与未成年人、被委托人至少每周联系和交流一次"。

4.《民法典》对国家监护制度是怎样规定的？

《民法典》明确应当由民政部门临时监护的七种情形，包括监护人因自身客观原因或者因发生自然灾害、事故灾难、公共卫生事件等突发事件不能履行监护职责，导致未成年人监护缺失；未成年人遭受监护人严重侵害或者面临人身安全威胁，需要被紧急安置等。

5. 学校面对校园欺凌，应该如何处理？

学校对学生欺凌行为应当立即制止，通知实施欺凌和被欺凌未成年学生的父母或者其他监护人参与欺凌行为的认定和处理；对相关未成年学生的父母或者其他监护人给予必要的家庭教育指导。

对实施欺凌的未成年学生，学校应当根据欺凌行为的性质和程度，依法加强管教。对严重的欺凌行为，学校不得隐瞒，应当及时向公安机关、教育行政部门报告，并配合相关部门依法处理。

6. 学校、幼儿园面对性侵害、性骚扰未成年人的行为应当怎么做？

学校、幼儿园应当建立预防性侵害、性骚扰未成年人工作制度。对性侵害、性骚扰未成年人等违法犯罪行为，学校、幼儿园不得隐瞒，应当及时向公安机关、教育行政部门报告，并配合相关部门依法处理。对遭受性侵害、性骚扰的未成年人，学校、幼儿园应当及时采取相关保护措施。

7. 密切接触未成年人的岗位有相关犯罪记录者能聘用吗？

密切接触未成年人的单位招聘工作人员时，应当向公安机关、

青少年学法用法：以案释法

人民检察院查询应聘者是否具有性侵害、虐待、拐卖、暴力伤害等违法犯罪记录；发现其具有前述行为记录的，不得录用。

8. 未成年人学校周边可以售卖烟、酒、彩票吗？

不能。《未成年人保护法》第59条规定，学校、幼儿园周边不得设置烟、酒、彩票销售网点。禁止向未成年人销售烟、酒、彩票或者兑付彩票奖金。烟、酒和彩票经营者应当在显著位置设置不向未成年人销售烟、酒或者彩票的标志；对难以判明是否是未成年人的，应当要求其出示身份证件。任何人不得在学校、幼儿园和其他未成年人集中活动的公共场所吸烟、饮酒。

9. 未成年人是否可以自己入住酒店？

可以入住。《未成年人保护法》第57条规定，旅馆、宾馆、酒店等住宿经营者接待未成年人入住，或者接待未成年人和成年人共同入住时，应当询问父母或者其他监护人的联系方式、入住人员的身份关系等有关情况；发现有违法犯罪嫌疑的，应当立即向公安机关报告，并及时联系未成年人的父母或者其他监护人。

10. 未成年人是否能够进入网吧、酒吧、KTV等娱乐场所？

不能。《未成年人保护法》第58条规定，学校、幼儿园周边不得设置营业性娱乐场所、酒吧、互联网上网服务营业场所等不适宜未成年人活动的场所。营业性歌舞娱乐场所、酒吧、互联网上网服务营业场所等不适宜未成年人活动场所的经营者，不得允许未成年人进入；游艺娱乐场所设置的电子游戏设备，除国家法定节假日外，不得向未成年人提供。经营者应当在显著位置设置未成年人禁入、限入标志；对难以判明是否是未成年人的，应当要求其出示身份证件。

11. 未成年人可以进行网络直播吗？

不能。《未成年人保护法》第76条规定，网络直播服务提供者不得为未满 16 周岁的未成年人提供网络直播发布者账号注册服务；为年满 16 周岁的未成年人提供网络直播发布者账号注册服务时，应当对其身份信息进行认证，并征得其父母或者其他监护人同意。

12. 网络游戏平台应如何限制未成年人上网、消费、打赏？

网络游戏、网络直播、网络音视频、网络社交等网络服务提供者应当针对未成年人使用其服务设置相应的时间管理、权限管理、消费管理等功能。

13. 网络游戏服务运营对未成年人开放有要求吗？

《未成年人保护法》第 75 条规定，网络游戏经依法审批后方可运营。国家建立统一的未成年人网络游戏电子身份认证系统。网络游戏服务提供者应当要求未成年人以真实身份信息注册并登录网络游戏。网络游戏服务提供者应当按照国家有关规定和标准，对游戏产品进行分类，作出适龄提示，并采取技术措施，不得让未成年人接触不适宜的游戏或者游戏功能。网络游戏服务提供者不得在每日二十二时至次日八时向未成年人提供网络游戏服务。

14. 学生能将手机带入课堂吗？

学校应当合理使用网络开展教学活动。未经学校允许，未成年学生不得将手机等智能终端产品带入课堂，带入学校的应当统一管理。

15. 涉及未成年人案件，未成年被害人、证人需要出庭吗？

人民法院开庭审理涉及未成年人案件，未成年被害人、证人一般不出庭作证；必须出庭的，应当采取保护其隐私的技术手段和心理干预等保护措施。

16. 学校能占用假期集体补课吗？

学校不得占用国家法定节假日、休息日及寒暑假期，组织义务教育阶段的未成年学生集体补课，加重其学习负担。

17. 相关部门发现未成年人权益受侵害时怎么办？

国家机关、居民委员会、村民委员会、密切接触未成年人的单位及其工作人员，在工作中发现未成年人身心健康受到侵害、疑似受到侵害或者面临其他危险情形的，应当立即向公安、民政、教育等有关部门报告。未履行报告义务造成严重后果的，由上级主管部门或者所在单位对直接负责的主管人员和其他直接责任人员依法给予处分。

以案释法 未成年人权益保护案例

1. 逼儿子"头悬梁"读书不是教育是违法

【案情回放】

2020年5月，湖南省长沙市某法院审理了一起父亲逼儿子"头悬梁"读书的案件。男子李某坚信棍棒之下出孝子，从儿子6岁起，李某就逼他用头撞墙练"铁头功"，效仿古人让儿子"头悬梁"，用长绳高高地束起头发，甚至用铁丝捆住儿子的手，让其在家里不停地跑。对此，该区法院作出人身保护令，禁止李某恐吓、辱骂、骚扰和接触儿子。李某当场写下保证书。

（来源：《新京报》2020年5月4日）

【案例评析】

修订后的《未成年人保护法》加强了家庭保护部分，细化了家庭监护职责，具体列举监护人应当做的10类行为，包括：为未成年人提供生活、健康、安全等方面的保障；教育和引导未成年人遵纪守法、勤俭节约，养成良好的思想品德和行为习惯等。具体列举监护人的11类禁止性行为，包括：虐待、遗弃、非法送养未成年人或者对未成年人实施家庭暴力；放任未成年人沉迷网络等。同时规定了不依法履行监护职责的法律责任，比如，由其居住地的居民委员会、村民委员会予以劝诫、制止；情节严重的，居民委员会、村民委员会应当及时向公安机关报告。公安机关接到报告或者公安机关、人民检察院、人民法院在办理案件过程中发现未成年人的父母或者其他监护人存在上述情形的，应当予以训诫，并可以责令其接受家庭教育指导。

古人"头悬梁，锥刺股"，凸显的是其自主的学习意识，一直是我国传统教育理念里劝人好学上进的经典案例。而本案中父亲强迫儿子"头悬梁"，明显突破了法律底线，甚至涉嫌家庭暴力，侵犯了孩子作为未成年人的合法权益。《反家庭暴力法》对家庭暴力有明确界定，是指家庭成员之间以殴打、捆绑、残害、限制人身自由以及经常性谩骂、恐吓等方式实施的身体、精神等侵害行为。当孩子出现偏差行为时，父母可采用合理方式进行教育，包括不触犯法律的惩戒。家长有教育培养子女的义务，但没有对其施暴的权利。父母必须尊重孩子的权利，遵守国家法律。从教育的理念来说，健全人格才是健康成长的前提，赋予孩子健康的成长环境，使其拥有健康的人格，远比"棍棒成才"更重要。

【法条链接】

《中华人民共和国未成年人保护法》

第十六条 未成年人的父母或者其他监护人应当履行下列监护职责：

（一）为未成年人提供生活、健康、安全等方面的保障；

（二）关注未成年人的生理、心理状况和情感需求；

（三）教育和引导未成年人遵纪守法、勤俭节约，养成良好的思想品德和行为习惯；

（四）对未成年人进行安全教育，提高未成年人的自我保护意识和能力；

（五）尊重未成年人受教育的权利，保障适龄未成年人依法接受并完成义务教育；

（六）保障未成年人休息、娱乐和体育锻炼的时间，引导未成年人进行有益身心健康的活动；

（七）妥善管理和保护未成年人的财产；

（八）依法代理未成年人实施民事法律行为；

（九）预防和制止未成年人的不良行为和违法犯罪行为，并进行合理管教；

（十）其他应当履行的监护职责。

第十七条　未成年人的父母或者其他监护人不得实施下列行为：

（一）虐待、遗弃、非法送养未成年人或者对未成年人实施家庭暴力；

（二）放任、教唆或者利用未成年人实施违法犯罪行为；

（三）放任、唆使未成年人参与邪教、迷信活动或者接受恐怖主义、分裂主义、极端主义等侵害；

（四）放任、唆使未成年人吸烟（含电子烟，下同）、饮酒、赌博、流浪乞讨或者欺凌他人；

（五）放任或者迫使应当接受义务教育的未成年人失学、辍学；

（六）放任未成年人沉迷网络，接触危害或者可能影响其身心健康的图书、报刊、电影、广播电视节目、音像制品、电子出版物和网络信息等；

（七）放任未成年人进入营业性娱乐场所、酒吧、互联网上网服务营业场所等不适宜未成年人活动的场所；

（八）允许或者迫使未成年人从事国家规定以外的劳动；

（九）允许、迫使未成年人结婚或者为未成年人订立婚约；

（十）违法处分、侵吞未成年人的财产或者利用未成年人牟取不正当利益；

（十一）其他侵犯未成年人身心健康、财产权益或者不依法履行未成年人保护义务的行为。

2. 向未成年人出售烟酒应依法承担相应责任

【案情回放】

胡小某是胡某某、王某某之子，其与蒋某某、陈某是某中学学生，均是限制民事行为能力人。某日，胡小某、陈某来到某某餐厅为蒋某某庆祝生日，胡小某提议要喝酒庆祝，3人喝了一些啤酒。饭后，胡小某提议去湖边玩耍，在湖边泡脚戏水的过程中，胡小某不慎后仰溺水死亡。事故发生后，胡某某、王某某将某某餐厅诉至法院，请求赔偿胡小某的死亡赔偿金、丧葬费等部分损失。

【案例评析】

法院经审理认为，《未成年人保护法》规定，禁止向未成年人销售烟酒。本案中某某餐厅的售酒行为违反了《未成年人保护法》的相关规定。由于酒精对于人的精神具有麻痹作用，饮酒后会导致实施危险行为的危险系数增加，某某餐厅的售酒行为与胡小某的死亡结果之间具有因果关系，应承担相应侵权损害赔偿责任。综上，法院判决某某餐厅承担一定比例的损害赔偿责任。未成年人身心发育尚不成熟，烟酒会严重影响未成年人的健康成长。《未成年人保护法》明确规定，禁止经营者向未成年人出售烟酒。烟酒经营者应当在显著位置设置不向未成年人销售烟酒的标志；对难以判明是否是未成年人的，应当要求其出示身份证件。本案中的餐厅经营者向未成年人售酒的行为，不仅有违法律规定，还引发了未成年人溺水死亡的严重后果。法院依法认定该餐厅承担一定比例的损害赔偿责任，对于引导烟酒商家进一步强化社会责任，增强法律意识，让未成年人远离烟酒伤害，为未成年人的成长营造安全健康的环境具有重要意义。

【法条链接】

《中华人民共和国未成年人保护法》

第五十九条 学校、幼儿园周边不得设置烟、酒、彩票销售网点。禁止向未成年人销售烟、酒、彩票或者兑付彩票奖金。烟、酒和彩票经营者应当在显著位置设置不向未成年人销售烟、酒或者彩票的标志；对难以判明是否是未成年人的，应当要求其出示身份证件。

任何人不得在学校、幼儿园和其他未成年人集中活动的公共场所吸烟、饮酒。

3. 让"强制报告制度"管住伸向孩子的"黑手"

【案情回放】

被告人高某甲与被告人郑某某系同居关系。2020年2月至3月，在共同居住的家中，二人多次使用拳脚、皮带及其他工具对窦某某（高某甲的儿子，4周岁）进行殴打，致窦某某全身多处软组织挫伤，评定为重伤二级。2020年3月11日，窦某某被送至医院就医时，接诊医生发现其遍体鳞伤，怀疑系被他人殴打所致，遂报警。

2020年12月9日，高某甲、郑某某因故意伤害罪被判处有期徒刑3年。2021年2月2日，检察机关出庭支持公诉，撤销高某甲的监护人资格，并对窦某某进行司法救助。

（来源：黑龙江省人民检察院2021年6月8日）

【案例评析】

强制报告制度是指国家机关、法律法规授权行使公权力的各类组织及法律规定的公职人员，密切接触未成年人行业的各类组织及其从业人员，在工作中发现未成年人遭受或者疑似遭受不法侵害以及面临不法侵害危险的，应当立即向公安机关报告或举报。2020年5月，最高人民检察院、国家监察委员会、教育部、公安部等九部门联合出台《关于建立侵害未成年人案件强制报告制度的意见（试行）》，2021年6月新修订的《未成年人保护法》将"强制报告制度"写入法律，为有效打击侵害未成年人犯罪、及时擒住伸向孩子的"黑手"、切实维护未成年人合法权益提供有力的法律保障。

医院及医务人员是发现侵害线索的重要场所及重点人员，本案是医务人员为患者治疗过程中发现并报告的监护侵害案件。该案能够被及时报告、发现，为第一时间收集、固定关键证据创造了条件，为破解侵害未成年人犯罪案件发现难、取证难等问题发挥了关键作用。

检察机关在依法严惩犯罪的同时，支持撤销监护权之诉，确保未成年人在得到有效监护下健康成长。对于未成年人因遭受侵害生活陷入困境的，运用法律援助、司法救助等途径，帮助未成年人及其家庭走出困境，恢复正常生活，多角度、全方位体现对未成年人利益的特殊保护。

【法条链接】

《关于建立侵害未成年人案件强制报告制度的意见（试行）》

第三条 本意见所称密切接触未成年人行业的各类组织，是指依法对未成年人负有教育、看护、医疗、救助、监护等特殊职责，或者虽不负有特殊职责但具有密切接触未成年人条件的企事业单位、基层群众自治组织、社会组织。主要包括：居（村）民委员会；中小学校、幼儿园、校外培训机构、未成年人校外活动场所等教育机构及校车服务提供者；托儿所等托育服务机构；医院、妇幼保健院、急救中心、诊所等医疗机构；儿童福利机构、救助管理机构、未成年人救助保护机构、社会工作服务机构；旅店、宾馆等。

第四条 本意见所称在工作中发现未成年人遭受或者疑似遭受不法侵害以及面临不法侵害危险的情况包括：

（一）未成年人的生殖器官或隐私部位遭受或疑似遭受非正常损伤的；

（二）不满十四周岁的女性未成年人遭受或疑似遭受性侵害、怀孕、流产的；

（三）十四周岁以上女性未成年人遭受或疑似遭受性侵害所致怀孕、流产的；

（四）未成年人身体存在多处损伤、严重营养不良、意识不清，存在或疑似存在受到家庭暴力、欺凌、虐待、殴打或者被人麻醉等情形的；

（五）未成年人因自杀、自残、工伤、中毒、被人麻醉、殴打等非正常原因导致伤残、死亡情形的；

（六）未成年人被遗弃或长期处于无人照料状态的；

（七）发现未成年人来源不明、失踪或者被拐卖、收买的；

（八）发现未成年人被组织乞讨的；

（九）其他严重侵害未成年人身心健康的情形或未成年人正在面临不法侵害危险的。

《中华人民共和国未成年人保护法》

第十一条　任何组织或者个人发现不利于未成年人身心健康或者侵犯未成年人合法权益的情形，都有权劝阻、制止或者向公安、民政、教育等有关部门提出检举、控告。

国家机关、居民委员会、村民委员会、密切接触未成年人的单位及其工作人员，在工作中发现未成年人身心健康受到侵害、疑似受到侵害或者面临其他危险情形的，应当立即向公安、民政、教育等有关部门报告。

有关部门接到涉及未成年人的检举、控告或者报告，应当依法及时受理、处置，并以适当方式将处理结果告知相关单位和人员。

4. 学校应建立学生欺凌防控制度

【案情回放】

2020年，某小学三年级的王同学在课间玩闹过程中被张同学用教室内垃圾桶倒扣在头上，垃圾撒了一身。王同学家长得知后，到学校和老师交涉，认为张同学欺凌自己的孩子，提出3点要求：处理欺凌者，将张同学转至其他班级；张同学家长当众道歉并承诺管好孩子，保证不再发生类似事件；孩子受到心理创伤需要治疗，学校赔偿治疗费用。老师认为此事只是同学之间的玩笑，劝家长冷静处理，放弃"处理欺凌者"等相关诉求。家长诉求未果，便上网发帖，称孩子在学校受霸凌，学校敷衍推脱、不管不问，引发舆论关注。后当地教育局介入，组成调查组调查此事。经调查，调查组认为此事尚未构成校园欺凌，没有支持家长按欺凌处理的诉求。

（来源：澎湃新闻·澎湃号2022年3月11日）

【案例评析】

学生欺凌问题一直是教育领域的热点问题。准确认定欺凌是处置学生欺凌事件的关键。欺凌认定是一个专业性很强的工作，既不能由家长主观判断，也不能由老师或学校领导个人判断，应由学校欺凌防控专门组织作出专业判断。

2021年6月1日实施的《未成年人保护法》首次对学生欺凌进行定义，即学生欺凌是指发生在学生之间，一方蓄意或者恶意通过肢体、语言及网络等手段实施欺压、侮辱，造成另一方人身伤害、财产损失或者精神损害的行为。该法还明确规定了学校对学生欺凌及校园性侵的防控与处置机制。2021年9月1日，教育部颁布实施的《未成年人学校保护规定》（以下简称《规定》）进一步细化了《未成年人保护法》的原则要求，形成了从防控欺凌教育、欺凌调查、欺凌关注、欺凌制止、欺凌认定、欺凌处置到受欺凌学生帮扶救助的制度链条，系统构建了学生欺凌防控体系。

《规定》第21条列举了五类可能构成欺凌的行为，但并不是存在这五类情形就一定构成欺凌，还要结合以下几个特性综合判断。一是主体上的特定性。学生欺凌必须发生在学生之间，而且是欺凌一方在年龄、力量或人数等方面大于或多于被欺凌一方，具有"以大欺小、以多欺少、以强凌弱"的特性，否则一般不构成欺凌。二是主观上的故意性。欺凌者实施欺凌行为不是出于偶然或无意，而是有明确目的（如勒索财物、教训某人等）或恶意动机（如以此为乐、宣示力量等），常常表现为针对特定主体的欺凌。三是行为上的持续性。一般来说，欺凌行为是反复或长期发生的，欺凌者对被欺凌者从试探性的攻击到造成严重的身心伤害，其间会实施多次欺凌，且行为的伤害性可能不断增加，一次性的推搡、击打、辱骂等一般不构成欺凌。网络欺凌由于一经上网就会持续传播，也是一种持续的伤害行为。四是结果上的伤害性。欺凌行为往往造成被欺凌者的人身伤害、财产损失或者精神损害。可通过学生的异常表现来初步判断，如因在校内遭欺凌而不敢上学，因在卫生间遭欺凌而不敢上厕所，由原本积极向上变为消极、沉默，被其他同学孤立和排挤等。学生间的一般打闹、互相起绰号等不属于欺凌。

按照上述标准，本案中教育局组织的调查组未将张同学的行为认定为欺凌是准确的。实践中，在认定学生欺凌时要严格按照上述标准合理把握，既不能讳疾忌医，将欺凌行为认定为普通打闹，一味视而不见；也不能息事宁人，动辄将学生之间的打闹或者日常冲突上升为欺凌，满足部分家长的不合理要求。

【法条链接】

《中华人民共和国未成年人保护法》

第三十九条 学校应当建立学生欺凌防控工作制度，对教职员工、学生等开展防治学生欺凌的教育和培训。

学校对学生欺凌行为应当立即制止,通知实施欺凌和被欺凌未成年学生的父母或者其他监护人参与欺凌行为的认定和处理;对相关未成年学生及时给予心理辅导、教育和引导;对相关未成年学生的父母或者其他监护人给予必要的家庭教育指导。

对实施欺凌的未成年学生,学校应当根据欺凌行为的性质和程度,依法加强管教。对严重的欺凌行为,学校不得隐瞒,应当及时向公安机关、教育行政部门报告,并配合相关部门依法处理。

第七十七条 任何组织或者个人不得通过网络以文字、图片、音视频等形式,对未成年人实施侮辱、诽谤、威胁或者恶意损害形象等网络欺凌行为。

遭受网络欺凌的未成年人及其父母或者其他监护人有权通知网络服务提供者采取删除、屏蔽、断开链接等措施。网络服务提供者接到通知后,应当及时采取必要的措施制止网络欺凌行为,防止信息扩散。

《未成年人学校保护规定》

第二十一条 教职工发现学生实施下列行为的,应当及时制止:

(一)殴打、脚踢、掌掴、抓咬、推撞、拉扯等侵犯他人身体或者恐吓威胁他人;

(二)以辱骂、讥讽、嘲弄、挖苦、起侮辱性绰号等方式侵犯他人人格尊严;

(三)抢夺、强拿硬要或者故意毁坏他人财物;

(四)恶意排斥、孤立他人,影响他人参加学校活动或者社会交往;

(五)通过网络或者其他信息传播方式捏造事实诽谤他人、散布谣言或者错误信息诋毁他人、恶意传播他人隐私。

学生之间,在年龄、身体或者人数等方面占优势的一方蓄意或者恶意对另一方实施前款行为,或者以其他方式欺压、侮辱另一方,造成人身伤害、财产损失或者精神损害的,可以认定为构成欺凌。

第四章　学习预防未成年人犯罪法

未成年人是祖国的未来、民族的希望。预防未成年人违法犯罪，关系千万家庭幸福安宁和社会和谐稳定，是平安中国建设的重要工作之一，意义重大。《中华人民共和国预防未成年人犯罪法》（以下简称《预防未成年人犯罪法》）是为了保障未成年人身心健康，培养未成年人良好品行，有效预防未成年人违法犯罪而制定的，明确了未成年人成长的"底线"。预防未成年人犯罪，应立足于教育和保护未成年人相结合，坚持预防为主、提前干预，对未成年人的不良行为和严重不良行为及时进行分级预防、干预和矫治。开展预防未成年人犯罪工作，应当尊重未成年人人格尊严，保护未成年人的名誉权、隐私权和个人信息等合法权益。预防未成年人犯罪，应在各级人民政府组织下，实行综合治理。国家机关、人民团体、社会组织、企业事业单位、居民委员会、村民委员会、学校、家庭等各负其责、相互配合，共同做好预防未成年人犯罪工作，及时消除滋生未成年人违法犯罪行为的各种消极因素，为未成年人身心健康发展创造良好的社会环境。切实提高广大未成年人的遵纪守法意识和风险防范能力，结合其不同年龄的生理、心理特点，加强对其进行青春期教育、心理关爱、心理矫正，凝聚各方力量，共同为每一名少年儿童的健康成长保驾护航。

普法课堂 预防未成年人犯罪法知识概述

1. 什么是不良行为？

不良行为是指未成年人实施的不利于其健康成长的下列行为：

（1）吸烟、饮酒；

（2）多次旷课、逃学；

（3）无故夜不归宿、离家出走；

（4）沉迷网络；

（5）与社会上具有不良习性的人交往，组织或者参加实施不良行为的团伙；

（6）进入法律法规规定未成年人不宜进入的场所；

（7）参与赌博、变相赌博，或者参加封建迷信、邪教等活动；

（8）阅览、观看或者收听宣扬淫秽、色情、暴力、恐怖、极端等内容的读物、音像制品或者网络信息等；

（9）其他不利于未成年人身心健康成长的不良行为。

2. 针对不良行为，未成年人的父母或者其他监护人等责任主体应该采取什么干预措施？

未成年人的父母或者其他监护人发现未成年人有不良行为的，应当及时制止并加强管教。

公安机关、居民委员会、村民委员会发现本辖区内未成年人有不良行为的，应当及时制止，并督促其父母或其他监护人依法履行监护职责。

学校对有不良行为的未成年学生，应当加强管理教育，不得歧视；对拒不改正或者情节严重的，学校可以根据情况予以处分或者采取以下管理教育措施：

（1）予以训导；

（2）要求遵守特定的行为规范；

（3）要求参加特定的专题教育；

（4）要求参加校内服务活动；

（5）要求接受社会工作者或者其他专业人员的心理辅导和行为干预；

（6）其他适当的管理教育措施。

3. 什么是严重不良行为？

严重不良行为是指未成年人实施的有刑法规定、因不满法定刑事责任年龄不予刑事处罚的行为，以及严重危害社会的下列行为：

（1）结伙斗殴，追逐、拦截他人，强拿硬要或者任意损毁、占用公私财物等寻衅滋事行为；

（2）非法携带枪支、弹药或者弩、匕首等国家规定的管制器具；

（3）殴打、辱骂、恐吓，或者故意伤害他人身体；

（4）盗窃、哄抢、抢夺或者故意损毁公私财物；

（5）传播淫秽的读物、音像制品或者信息等；

（6）卖淫、嫖娼，或者进行淫秽表演；

（7）吸食、注射毒品，或者向他人提供毒品；

（8）参与赌博赌资较大；

（9）其他严重危害社会的行为。

4. 未成年人的父母或者其他监护人等发现未成年人实施严重不良行为时应当怎么办？

未成年人的父母或者其他监护人等发现有人教唆、胁迫、引诱未成年人实施严重不良行为的，应当立即向公安机关报告。公安机关接到举报或者发现未成年人有严重不良行为的，应当及时制止，依法调查处理，并可以责令其父母或者其他监护人消除或者减轻违法后果，采取矫治教育措施严加管教。

5．父母对小孩管教不力怎么办？

对有严重不良行为的未成年人，未成年人的父母或者其他监护人、所在学校无力管教或者管教无效的，可以向教育行政部门提出申请，经专门教育指导委员会评估同意后，由教育行政部门决定送入专门学校接受专门教育。

6．专门教育的适用条件是什么？

（1）实施严重危害社会的行为，情节恶劣或者造成严重后果；

（2）多次实施严重危害社会的行为；

（3）拒不接受或者配合本法第41条规定的矫正教育措施；

（4）法律、行政法规规定的其他情形。

7．专门学校对有严重不良行为的未成年人如何教育？

在专门学校里，对接受专门教育的未成年人分级分类进行教育和矫治，有针对性地开展道德教育、法治教育、心理健康教育，并根据实际情况进行职业教育；对没有完成义务教育的未成年人，保证其继续接受义务教育。

8．预防未成年人犯罪，监护人应当承担怎样的责任？

未成年人的父母或者其他监护人对未成年人的预防犯罪教育负有直接责任，应当依法履行监护职责，树立优良家风，培养未成年人良好品行；发现未成年人心理或者行为异常的，应当及时了解情况并进行教育、引导和劝诫，不得拒绝或者怠于履行监护职责。

公安机关、人民检察院、人民法院在办理案件过程中发现实施严重不良行为的未成年人的父母或者其他监护人不依法履行监护职责的，应当予以训诫，并可以责令其接受家庭教育指导。

9．犯过罪的未成年人是否可以继续升学？

刑满释放和接受社区矫正的未成年人，在复学、升学、就业等方面依法享有与其他未成年人同等的权利，任何单位和个人不得歧视。

10. 未成年人的犯罪记录能否提供给他人？

未成年人的犯罪记录依法被封存的，公安机关、人民检察院、人民法院和司法行政部门不得向任何单位或者个人提供，但司法机关因办案需要或者有关单位根据国家有关规定进行查询的除外。依法进行查询的单位和个人应当对相关记录信息予以保密

以案释法 预防未成年人犯罪警示案例

1. 阳光学校让"熊孩子"蜕变

【案情回放】

2020年5月，胡某（未满16周岁）伙同他人先后在A市不同地区以打砸车窗的方式，盗窃40余辆汽车车内财物，后被公安机关抓获。虽然胡某因不满16周岁不负刑事责任，但考虑到其盗窃次数多、家庭监管条件较差，在征得其监护人同意后，公安机关将胡某送入该市专门学校接受专门矫正教育。胡某进入专门学校后，接受了系统的心理、法律等方面的教育，他的不良行为得到有效矫治。目前，胡某已经顺利返回原学校就读。

【案例评析】

青少年的健康成长，离不开全社会的关心关爱。针对未成年人违法犯罪行为的矫治，实行教育、感化、挽救的方针，坚持教育为主、惩罚为辅的原则。《预防未成年人犯罪法》第45条第1款规定，未成年人实施刑法规定的行为、因不满法定刑事责任年龄不予刑事处罚的，经专门教育指导委员会评估同意，教育行政部门

会同公安机关可以决定对其进行专门矫治教育。专门学校针对有严重不良行为,包括未达到刑事责任年龄但有危害社会及犯罪行为的未成年人,应构建既有别于普通学校又有别于监所的管理体系和运行机制,通过系统且深入地开展思想道德教育、法治教育、科学文化教育、艺术体育教育、职业技术教育、心理健康教育、生命教育等,帮助这些误入歧途的未成年人树立正确的价值观,培育法治意识和规则意识,分清是非,明确基本的行为底线,纠正心理偏差和行为偏差。

【法条链接】

《中华人民共和国未成年人保护法》

第一百一十三条 对违法犯罪的未成年人,实行教育、感化、挽救的方针,坚持教育为主、惩罚为辅的原则。

对违法犯罪的未成年人依法处罚后,在升学、就业等方面不得歧视。

《中华人民共和国预防未成年人犯罪法》

第六条 国家加强专门学校建设,对有严重不良行为的未成年人进行专门教育。专门教育是国民教育体系的组成部分,是对有严重不良行为的未成年人进行教育和矫治的重要保护处分措施。

省级人民政府应当将专门教育发展和专门学校建设纳入经济社会发展规划。县级以上地方人民政府成立专门教育指导委员会,根据需要合理设置专门学校。

专门教育指导委员会由教育、民政、财政、人力资源社会保障、公安、司法行政、人民检察院、人民法院、共产主义青年团、妇女联合会、关心下一代工作委员会、专门学校等单位,以及律师、社会工作者等人员组成,研究确定专门学校教学、管理等相关工作。

专门学校建设和专门教育具体办法,由国务院规定。

第四十五条 未成年人实施刑法规定的行为、因不满法定刑事责任年龄不予刑事处罚的,经专门教育指导委员会评估同意,教育行政部门会同公安机关可以决定对其进行专门矫治教育。

省级人民政府应当结合本地的实际情况,至少确定一所专门学校按照分校区、分班级等方式设置专门场所,对前款规定的未成年人进行专门矫治教育。

前款规定的专门场所实行闭环管理,公安机关、司法行政部门负责未成年人的矫治工作,教育行政部门承担未成年人的教育工作。

2. 好奇心引发的诈骗获刑3年

【案情回放】

2016年1月至9月,被告人刘某某(男,17周岁)在家中用手机登录微信后,将地址修改为境外某地址,假冒海外留学女大学生,通过添加不特定境外男子为微信好友,谎称其系兼职援交女,骗取他人为其购买电子购物卡。在获得卡号和密码后,又通过网络低价销售给他人获取非法利益。截至案发时,刘某某共骗取价值10余万元的电子购物卡。

法院经审理认为,被告人刘某某以非法占有为目的,采取虚构事实、隐瞒真相的方法,多次利用电信网络骗取他人财物,其行为已构成诈骗罪,且数额巨大。鉴于被告人刘某某能当庭自愿认罪,并具有坦白情节,且犯罪时系未成年人,案发后其亲属主动缴纳罚金。依照《刑法》相关规定,认定被告人刘某某犯诈骗罪,判处有期徒刑3年,并处罚金人民币3万元。

(来源:江西法院网2018年5月30日)

【案例评析】

本案是一起未成年人利用网络交友实施诈骗的案件。随着网络应用的发展和智能手机的普及，网络交友日渐成为不法分子实施犯罪的新平台，由此引发的刑事案件呈上升趋势。未成年人是该类犯罪常见的受害者，但也因其好奇心重、模仿能力强、对新鲜事物接受度高，使得某些未成年人在缺乏正确引导的情况下，逐步走向了犯罪深渊。本案中的刘某某正是在网络上看到类似事件后，效仿成年人隐瞒真实身份、将自己扮演成特定角色，在网络上寻找可能成为其犯罪对象的人，在取得对方信任后，进一步实现其犯罪目的。

引人深思的是，本案案发后，与刘某某共同生活的父母对刘某某所实施的犯罪行为竟然毫无察觉。父母是未成年人的第一监护人，但监护职责并不仅仅是照顾孩子的生活、学习这些物质抚养和知识教育。本案的发生警示我们，家庭教育是保护未成年人的最重要方式。青春期的孩子，心理和认知处于不成熟到成熟的过渡期。父母既要充分尊重孩子的隐私和自由，与孩子交朋友，也要学会接受并了解新鲜事物，与孩子共同成长，更要在日常陪伴中洞察孩子的内心世界，发现不良倾向，及时干预和引导。

【法条链接】

《中华人民共和国刑法》

第二百六十六条 诈骗公私财物，数额较大的，处三年以下有期徒刑、拘役或者管制，并处或者单处罚金；数额巨大或者有其他严重情节的，处三年以上十年以下有期徒刑，并处罚金；数额特别巨大或者有其他特别严重情节的，处十年以上有期徒刑或者无期徒刑，并处罚金或者没收财产。本法另有规定的，依照规定。

《中华人民共和国预防未成年人犯罪法》

第二十九条 未成年人的父母或者其他监护人发现未成年人有不良行为的，应当及时制止并加强管教。

第三十条 公安机关、居民委员会、村民委员会发现本辖区内未成年人有不良行为的，应当及时制止，并督促其父母或者其他监护人依法履行监护职责。

第三十一条　学校对有不良行为的未成年学生，应当加强管理教育，不得歧视；对拒不改正或者情节严重的，学校可以根据情况予以处分或者采取以下管理教育措施：

（一）予以训导；

（二）要求遵守特定的行为规范；

（三）要求参加特定的专题教育；

（四）要求参加校内服务活动；

（五）要求接受社会工作者或者其他专业人员的心理辅导和行为干预；

（六）其他适当的管理教育措施。

3. 利用未成年人侵害未成年人犯罪案

【案情回放】

2017年下半年至2019年4月，被告人陈某以同学、同乡为纽带，先后笼络被告人秦某、胡某等社会闲散人员，形成了以被告人陈某为首要分子，被告人秦某、胡某为重要成员的恶势力犯罪集团。该集团在陈某纠集下，发展多名未成年人为一般成员，共同实施了多起包括组织未成年女性在KTV进行有偿陪侍等违反治安管理活动、聚众斗殴、寻衅滋事等多起违法犯罪行为，造成恶劣的社会影响。

法院经审理认为，被告人陈某犯组织未成年人进行违反治安管理活动罪、聚众斗殴罪、寻衅滋事罪等罪，数罪并罚对其判处有期徒刑15年，并处罚金人民币10万元，剥夺政治权利一年。其他被告人也分别以组织未成年人进行违反治安管理活动罪、聚众斗殴罪等罪被判处有期徒刑 10 个月至 8 年 6 个月不等的刑罚。

（来源：江苏法院网 2021 年 5 月 25 日）

【案例评析】

近年来，一些未成年人被胁迫、利诱参与、实施黑恶势力犯罪时有发生，严重影响未成年人健康成长，极大危害社会和谐稳定。2020 年 4 月，最高人民法院、最高人民检察院、公安部、司法部联合发布《关于依法严惩利用未成年人实施黑恶势力犯罪的意见》，对严厉打击利用未成年人实施黑恶势力犯罪行为提出明确要求。本案是一起利用未成年人侵害未成年人的恶势力犯罪案件。本案中所涉及的恶势力犯罪团伙，常年盘踞在乡镇学校周围，以曾因犯参与黑社会性质组织罪的陈某为头目，被告人秦某、胡某为重要成员，吸收已辍学、无家人监管的留守未成年人为成员，针对未成年人实施了多起严重违法犯罪。人民法院对本案被告人的依法从严惩处，彰显了司法机关重拳打击黑恶势力，坚定保护未成年人合法权益的决心。本案审结后，为有效治理娱乐场所有偿陪侍乱象、保护未成年人身心健康、保障未成年人合法权益、最大限度铲除黑恶势力滋生土壤，裁判法院就此案发现的社会治理问题专门向公安局、市场监管局、文广旅游局发出司法建议并得到积极回应，有效建立健全了防范打击机制，推动形成了多部门协同配合的社会治理网格。

【法条链接】

《关于依法严惩利用未成年人实施黑恶势力犯罪的意见》

（二）利用未成年人实施黑恶势力犯罪，具有下列情形之一的，应当从重处罚：

1. 组织、指挥未成年人实施故意杀人、故意伤害致人重伤或者死亡、强奸、绑架、抢劫等严重暴力犯罪的；

2. 向未成年人传授实施黑恶势力犯罪的方法、技能、经验的；

3. 利用未达到刑事责任年龄的未成年人实施黑恶势力犯罪的；

4. 为逃避法律追究，让未成年人自首、做虚假供述顶罪的；

5. 利用留守儿童、在校学生实施犯罪的；

6. 利用多人或者多次利用未成年人实施犯罪的；

7. 针对未成年人实施违法犯罪的；

8. 对未成年人负有监护、教育、照料等特殊职责的人员利用未成年人实施黑恶势力违法犯罪活动的；

9. 其他利用未成年人违法犯罪应当从重处罚的情形。

第五章　学习国家安全知识

国家安全是指国家政权、主权、统一和领土完整、人民福祉、经济社会可持续发展和国家其他重大利益相对处于没有危险和不受内外威胁的状态,以及保障持续安全状态的能力。根据《大中小学国家安全教育指导纲要》的规定,国家安全包括 16 个方面的基本内容:政治安全、国土安全、军事安全、经济安全、文化安全、社会安全、科技安全、网络安全、生态安全、资源安全、核安全、海外利益安全、生物安全、太空安全、极地安全、深海安全。为加强全国人民的安全意识,积极维护国家安全,《中华人民共和国国家安全法》(以下简称《国家安全法》)规定"每年 4 月 15 日为全民国家安全教育日"。

国家安全关乎每一个人,维护国家安全其实与我们的生活紧密相连,我们不经意的行为也许已经损害了国家和人民的利益。青少年是国家的未来,正处于人生成长的关键时期,对他们加强国家安全教育尤为重要。当前,青少年的社会防范意识普遍不高,对于国家安全知识的了解、认知并不到位。因此,要针对广大青少年的特点,通过以案说法等活泼有趣的形式帮助青少年认清妨害国家安全行为的危害性,让青少年更深刻地认识到维护国家安全和遵纪守法的重要性,从而积极树立国家安全意识,增强理想信念和爱国情怀,自觉做国家安全的遵守者、捍卫者。

普法课堂 国家安全法知识概述

1. 什么是国家安全？

国家安全是指国家政权、主权、统一和领土完整、人民福祉、经济社会可持续发展和国家其他重大利益相对处于没有危险和不受内外威胁的状态，以及保障持续安全状态的能力。

2. 全民国家安全教育日是怎么来的？

全民国家安全教育日是为了增强全民国家安全意识，维护国家安全而设立的节日。2015年7月1日，全国人大常委会通过的《中华人民共和国国家安全法》第14条规定，每年4月15日为全民国家安全教育日。

3. 什么是12339？

"12339"可以说是一个"神秘"的热线，是国家安全机关设立的全国统一举报受理电话，公民和组织发现危害国家安全的行为，都可以通过这个电话向国家安全机关报告。

4. 国家安全包括哪些方面？

《大中小学国家安全教育指导纲要》对国家安全涵盖的重点领域进行了概括，提出了以下16个方面的基本内容：政治安全、国土安全、军事安全、经济安全、文化安全、社会安全、科技安全、网络安全、生态安全、资源安全、核安全、海外利益安全、生物安全、太空安全、极地安全、深海安全。

5. 公民和组织应当履行哪些维护国家安全的义务？

（1）遵守宪法、法律法规关于国家安全的有关规定；

（2）及时报告危害国家安全活动的线索；

（3）如实提供所知悉的涉及危害国家安全活动的证据；

（4）为国家安全工作提供便利条件或者其他协助；

（5）向国家安全机关、公安机关和有关军事机关提供必要的支持和协助；

（6）保守所知悉的国家秘密；

（7）法律、行政法规规定的其他义务。

任何个人和组织不得有危害国家安全的行为，不得向危害国家安全的个人或者组织提供任何资助或者协助。

6. 公民和组织在维护国家安全中有哪些权利？

（1）公民和组织支持、协助国家安全工作的行为受法律保护。因支持、协助国家安全工作，本人或者其近亲属的人身安全面临危险的，可以向公安机关、国家安全机关请求予以保护。公安机关、国家安全机关应当会同有关部门依法采取保护措施。

（2）公民和组织因支持、协助国家安全工作导致财产损失的，按照国家有关规定给予补偿；造成人身伤害或者死亡的，按照国家有关规定给予抚恤优待。

（3）公民和组织对国家安全工作有向国家机关提出批评建议的权利，对国家机关及其工作人员在国家安全工作中的违法失职行为有提出申诉、控告和检举的权利。

（4）在国家安全工作中，需要采取限制公民权利和自由的特别措施时，应当依法进行，并以维护国家安全的实际需要为限度。

7. 生活中应警惕哪些危害国家安全的活动？

（1）一些可疑人员未经批准到内部做调查，进行科技、经济、企业等情况搜集。发现这种情况不能随意提供真实信息，要及时向当地公安机关或国家安全机关报告。

（2）警惕境外电台、电视、网络等传媒的煽动、造谣。

（3）一些境外组织和人员经常出现在我军事、保密单位周边，乘机盗取秘密情报和信息。如遇有可疑人员要立即报告。

（4）一些有境外背景的组织和个人，利用某些群众的不满情绪，煽动其与政府对抗。遇到此类情况，应立即报告。

8. 发现国家秘密已经或可能泄露时该怎么办？

（1）拾获属于国家秘密的文件、资料和其他物品，应当及时送交保密工作部门或者国家安全机关、公安机关处理。

（2）发现有人买卖属于国家秘密的文件、资料和其他物品，应当及时报告。

（3）发现有人盗窃、抢夺属于国家秘密的文件、资料和其他物品，应及时制止并立即报告。

（4）发现泄漏或可能泄漏国家秘密的线索，应当及时举报。

9. 日常生活中应该怎么维护国家安全？

（1）照片不随意拍。不能在军事基地、军用港口等地未经允许便拍照，更不能在朋友圈分享部队训练、武器装备、军人军装照等照片。

（2）军队不随意插。驾车外出时，遇到军队车队驶过，不要穿插军队，更不要跟踪拍摄。

（3）工作不盲目干。工作中不要有泄露国家机密的行为，比如，提供涉密单位尚未公开的内部消息，或者利用工作之便拍摄军人照片牟利。

（4）电脑内外网不混用。不要在内网专用电脑上使用无线网卡、无线鼠标、无线键盘等无线设备以及外单位的存储介质，还要及时更新杀毒软件。

（5）行李箱不胡乱装。行李箱中不要装有国外的水果蔬菜、土壤、动物标本等，因为这些都可能对国家生态安全造成威胁。

（6）东西不随便买卖。不能非法购买或出售卫星数据接收卡、无线摄像笔、实时视频无线监控器、GPS跟踪定位器、钥匙扣密拍器等专用间谍器材。

（7）信息不非法传。不参与出版和传播政治性非法出版物，不利用电子邮件、电子论坛等网络传播途径美化西方社会，诋毁我国形象。

（8）发现可疑线索不隐瞒。发现任何组织和个人危害国家安全的情况和线索，均可拨打国家安全机关"12339"举报电话进行举报。

以案释法 国家安全警示案例

1. 照片不能任性拍，更不可以任性晒

【案情回放】

小姚是一名光荣的军嫂，她和丈夫有一个可爱的儿子。因为丈夫不能经常回家，小姚便时常带儿子到军营看望爸爸。为了留住一家三口团聚时刻的幸福瞬间，小姚给儿子和丈夫拍了照片和视频。丈夫发现这一情况后，警告妻子这种行为极易泄漏军事秘密，要求她立即删除这些内容，并将手机送到密室进行脱密处理。

【案例评析】

一件军装、一艘军舰、一座保密单位的大楼……很平常的一张照片都很有可能成为别有用心者的情报来源。因此，大家切记不要在军事基地、涉军港口等军事区域未经允许随意拍照，更不要将军队、军人、军事装备、军事设施等涉密信息随意发到社交平台。否则，就会泄漏军事秘密，对军事安全构成威胁，违反国家秘密和军队保密规定，后果很严重。

【法条链接】

《中华人民共和国保守国家秘密法》

第三十三条 军事禁区和属于国家秘密不对外开放的其他场所、部位，应当采取保密措施，未经有关部门批准，不得擅自决定对外开放或者扩大开放范围。

《中华人民共和国刑法》

第四百三十二条 违反保守国家秘密法规，故意或者过失泄露

军事秘密，情节严重的，处五年以下有期徒刑或者拘役；情节特别严重的，处五年以上十年以下有期徒刑。

战时犯前款罪的，处五年以上十年以下有期徒刑；情节特别严重的，处十年以上有期徒刑或者无期徒刑。

2. 赴港学习研究生涉嫌煽动颠覆国家政权罪

【案情回放】

1995 年出生的杨某某，2017 年赴香港某大学攻读硕士研究生。上学期间，杨某某受到境外反华势力言论影响，对我国家政权产生敌对情绪。2018 年 10 月，杨某某参与某境外敌对组织活动，散布谬论并参与非法游行。敌对组织视杨某某为"人才"，让其在互联网上负责处理引导话题讨论、转发视频图片，进行煽动蛊惑。杨某某在一个敌对组织核心群组里很活跃，提出利用 WIFI 热点和 Airdrop 传播"敌对理论"等扩大组织影响力的"兴风作浪"方案。特别是在香港"修例风波"期间，其大肆转发支持香港暴徒的推文，诱导群内成员讨论、抹黑香港警方，并企图向境内倒灌所谓的香港"斗争经验"。2020 年 6 月，国家安全机关依法将杨某某抓获归案。

（来源：《法制日报》2021 年 4 月 15 日）

【案例评析】

通过本案可以看出境外反华敌对势力的惯用伎俩就是利用内地赴港学生价值观念尚未成型、政治鉴别力不强、急需融入新环境、追求个人利益等特点，通过"洗脑"、利益诱惑等方式极力拉拢渗透。本案中杨某某就是受这些境外反华敌对势力的煽动蛊惑，被裹挟参与敌对活动，从事颠覆国家政权活动，涉嫌煽动颠覆国家政权罪。煽动颠覆国家政权罪，是指以造谣、诽谤或者其他方式煽动颠覆国家政权、推翻社会主义制度的犯罪表现。我国刑法规定，以造谣、诽谤或者其他方式煽动颠覆国家政权、推翻社会主义制度的，处五年以下有期徒刑、拘役、管制或者剥夺政治权利；首要分子或者罪行重大的，处五年以上有期徒刑。维护国家安全人人有责、人人可为，我们要清醒地看到，境外反华敌对势力对青年学生渗透拉拢、危害我国家政治安全的图谋，谨防落入这些势力的陷阱。只有时刻保持头脑清醒，认真履行维护国家安全法律义务，才能筑牢政治安全"堤坝"，形成维护国家安全的强大合力。

【法条链接】

《中华人民共和国刑法》

第十三条 一切危害国家主权、领土完整和安全，分裂国家、颠覆人民民主专政的政权和推翻社会主义制度，破坏社会秩序和经济秩序，侵犯国有财产或者劳动群众集体所有的财产，侵犯公民私人所有的财产，侵犯公民的人身权利、民主权利和其他权利，以及其他危害社会的行为，依照法律应当受刑罚处罚的，都是犯罪，但是情节显著轻微危害不大的，不认为是犯罪。

第一百零五条 组织、策划、实施颠覆国家政权、推翻社会主义制度的，对首要分子或者罪行重大的，处无期徒刑或者十年以上有期徒刑；对积极参加的，处三年以上十年以下有期徒刑；对其他参加的，处三年以下有期徒刑、拘役、管制或者剥夺政治权利。

以造谣、诽谤或者其他方式煽动颠覆国家政权、推翻社会主义制度的，处五年以下有期徒刑、拘役、管制或者剥夺政治权利；首要分子或者罪行重大的，处五年以上有期徒刑。

3. 渔民发现境外水下探测器立大功

【案情回放】

黄某是海南岛上的一位渔民。一日，他在近海打鱼的时候捞到一个类似鱼雷的物体。黄某当场用手机拍下照片，发给了海南省国家安全厅的工作人员。经查，这是一个外国制造的缆控水下机器人，造型轻便，性能先进，功能强大，既能搜集我国重要海域内各类环境数据，又能探测获取我国海军舰队活动动向，实现近距离侦查和情报收集任务。黄某的举动很好地维护了国家安全，政府对他作了表彰并发放了奖励。

【案例评析】

深海安全是指和平探索和利用国际海底区域，增强安全进出、科学考察、开发利用的能力，加强国际合作，维护我国在外层空间、国际海底区域和极地的活动、资产和其他利益的安全。国际海底是指国家管辖海域范围（领海、专属经济区和大陆架）以外的海床和洋底及其底土。国家对超出200海里的外大陆架仍具有管辖权，国际海底应属于深海的范畴，构成了深海海底的主要部分。

维护国家安全，既是每位公民的神圣使命，也是应尽的义务。如发现异常情况，应像黄某这样在第一时间和国家安全部门取得联系。所有公民和组织都应当提高维护国家安全的意识，肩负起维护国家安全的责任。

【法条链接】

《中华人民共和国国家安全法》

第七十七条　公民和组织应当履行下列维护国家安全的义务：

（一）遵守宪法、法律法规关于国家安全的有关规定；

（二）及时报告危害国家安全活动的线索；

（三）如实提供所知悉的涉及危害国家安全活动的证据；

（四）为国家安全工作提供便利条件或者其他协助；

（五）向国家安全机关、公安机关和有关军事机关提供必要的支持和协助；

（六）保守所知悉的国家秘密；

（七）法律、行政法规规定的其他义务。

任何个人和组织不得有危害国家安全的行为，不得向危害国家安全的个人或者组织提供任何资助或者协助。

第六章　学习公共卫生安全知识

公共卫生安全事件是指突然发生，造成或者可能造成社会公众健康严重损害的重大传染病疫情、群体性不明原因疾病、重大食物和职业中毒以及其他严重影响公众健康的事件。这些突发事件不仅对公众健康造成严重损害，对国家政治、经济也会造成严重影响。新冠肺炎疫情是新中国成立以来发生的传播速度最快、感染范围最广、防控难度最大的一次重大突发公共卫生事件。这场疫情是对我国公共卫生体系的一次"大考"，也给我们带来了诸多启示，如常见传染病的防治和卫生防疫知识普及方面必须加强。

人类健康是社会文明进步的基础。青少年是祖国的未来和民族的希望，也是我国实施"健康中国2030"规划的重点人群。公共卫生安全教育，不只是为了应对疫情防控，而是要引导青少年养成健康的生活习惯、公共与个人卫生习惯。在青少年身心成长与发展的关键阶段，为青少年科普健康知识，引导他们从小养成良好的卫生习惯和生活习惯，是全社会共同的责任。

守护公共卫生安全，就是守护国家安全。广大青少年要身体力行，从我做起，从身边小事做起，以自己的模范行为带动身边人，争做公共卫生安全守护者。

普法课堂 公共卫生安全知识概述

1. 关于疫情防控工作的主要法律有哪些？

目前，关于疫情防控工作的主要法律包括：《中华人民共和国传染病防治法》《中华人民共和国突发事件应对法》《中华人民共和国国境卫生检疫法》《中华人民共和国动物防疫法》《中华人民共和国食品安全法》《中华人民共和国治安管理处罚法》《中华人民共和国刑法》《最高人民法院、最高人民检察院关于办理妨害预防、控制突发传染病疫情等灾害的刑事案件具体应用法律若干问题的解释》等。

2. 什么是突发公共卫生事件？

突发公共卫生事件，是指突然发生，造成或者可能造成社会公众健康严重损害的重大传染病疫情、群体性不明原因疾病、重大食物和职业中毒以及其他严重影响公众健康的事件。

3. 卫生公益电话号码是什么？

卫生公益电话是12320，它的功能是举报或投诉可疑传染病、食物中毒等突发公共卫生事件；咨询传染病、慢性病等有关防病与保健知识；了解公共卫生法律、法规与政策。

4. 新型冠状病毒及其应急要点是什么？

2019新型冠状病毒（2019-nCoV），2020年1月12日被世界卫生组织命名。冠状病毒是一个大型病毒家族，已知可引起感冒以及中东呼吸综合征（MERS）和严重急性呼吸综合征（SARS）等较严重疾病。新型冠状病毒是以前从未在人体中发现的冠状病毒新毒株。

新型冠状病毒的应急要点：

（1）咳嗽、打喷嚏或流鼻涕时，一定要用纸张、手帕遮挡。若无东西可用，就用手遮挡，不能对着别人打喷嚏、咳嗽。

（2）人与人之间接触时，要保持 1 米以上的距离，尤其是面对面谈话时。

（3）对疑似罹患传染性疾病的人，应及早隔离。不探视疑似罹患传染病的病人。

（4）传染病高发季节不要凑热闹，尽量避免前往人群密集的地方。

（5）无论是工作场所还是居家，保持室内不断地通风换气。

（6）不要随地吐痰，如果实在没有找到可吐痰的地方，可以先吐在纸上，方便时再把它扔进垃圾桶。

（7）保持个人卫生，尤其是手。要勤洗手，避免脏手接触口、眼、鼻。

5. 在传染病暴发、流行地区，地方政府可以采取哪些紧急措施？

《中华人民共和国传染病防治法》第 42 条规定，传染病暴发、流行时，县级以上地方人民政府应当立即组织力量，按照预防、控制预案进行防治，切断传染病的传播途径，必要时，报经上一级人民政府决定，可以采取下列紧急措施并予以公告：

（1）限制或者停止集市、影剧院演出或者其他人群聚集的活动；

（2）停工、停业、停课；

（3）封闭或者封存被传染病病原体污染的公共饮用水源、食品以及相关物品；

（4）控制或者扑杀染疫野生动物、家畜家禽；

（5）封闭可能造成传染病扩散的场所。

以案释法 公共卫生安全警示案例

1. 伪造核酸检测阴性证明被拘留

【案情回放】

2021年12月,江阴市公安局某地派出所民警在工作中发现,有人在使用伪造的核酸检测阴性证明。警方立即组织警力开展调查。通过前期侦查发现,伪造核酸检测阴性证明的嫌疑人武某某为某运输公司的调度员,其平时负责在本镇临时雇用槽罐运输车驾驶员运输化工原料、柴油汽油等货物。一段时间以来,武某某为应付疫情期间各地的防控检查,保证其雇用的运输车辆通行不受阻,便使用修图软件伪造了多份虚假的核酸检测阴性证明,并将这些伪造证明通过微信发送给自己调度的驾驶员以应付检查或备用。

经调查,民警发现2021年9月至11月,武某某共伪造6张核酸检测阴性证明。武某某因涉嫌伪造证明文件被处行政拘留10日。

(来源:新浪网2021年12月17日)

【案例评析】

核酸检测是加强疫情防控的重要手段之一,切勿因贪图方便就去购买或使用伪造的核酸检测报告。这是一种不诚信的行为,而且对疫情防控工作和公共卫生安全构成了威胁。造假者如果身体健康而只是持伪造核酸检测报告证明的,可能面临治安管理处罚或其他行政处罚;如果存在多次为他人伪造核酸检测证明,违反疫情防控政策,逃避正常检查的行为,以及如果最终检测证明其是确诊患者、病原携带者,引起疫情传播或者有传播严重危险,可能会被以妨害传染病防治罪定罪处罚。

对于伪造、变造核酸检测报告单,扰乱防控秩序等涉疫违法犯罪行为,公安机关始终坚持"零容忍"的态度,坚决依法予以严厉打击。疫情防控是全社会的共同责任，关系到每个人的生命安全和身体健康。大家应积极履行防疫责任和义务，到指定医疗机构进行核酸检测，共筑健康安全防线。

【相关链接】

伪造虚假核酸检测报告会有什么法律后果？

伪造核酸检测报告证明自身状况的，主要有3种情况。

（1）当事人对自身健康状况如何并不知晓，急需这一证明以满足进入公共场所或者出行等目的，却不愿意花时间去检测的。如果最后其身体健康而持伪造核酸检测报告的，可能面临治安管理处罚或其他行政处罚；如果最终检测证明其是新型冠状病毒感染肺炎病人、病原携带者，其行为属于拒绝执行卫生防疫机构依照传染病防治法提出的预防、控制措施的，引起疫情传播或者有传播严重危险，会被以妨害传染病防治罪定罪处罚。

（2）已经确诊是新型冠状病毒感染肺炎病人、病原携带者，或者属于疑似病人，持虚假的核酸检测报告进入公共场所或者乘坐公共交通工具的，其明知其行为极有可能造成新型冠状病毒传播，危害公共安全，构成以危险方法危害公共安全罪。

（3）出于猎奇和游戏心理，将本为阴性的核酸检测报告结果通过修图改成阳性，以引起社会关注取乐，影响正常社会治安秩序的，可依法给予行政处罚；严重扰乱社会秩序的，以编造、故意传播虚假信息罪定罪处罚。

2. 营养餐"不营养"，涉事企业负责人被刑拘

【案情回放】

2021年11月23日，河南封丘县某中学30余名学生吃了学校提供的营养午餐之后，出现集体呕吐腹泻，引起社会强烈关注。11月26日，封丘县委、县政府第一时间召开专题会议，并迅速成立了联

合调查组，要求县纪委、公安局、卫健委、教体局、市场监管局等多部门连夜开展调查工作。11月27日，封丘县官方通报，初步判定是一起食源性疾病事件，同时对相关4名负责人立案审查调查。11月30日上午，涉事送餐公司负责人吕某、李某因涉嫌生产、销售不符合安全标准食品罪被刑事拘留，羁押在新乡市看守所。

（来源：央视新闻客户端2021年11月30日）

【案例评析】

凡是通过摄食进入人体的各种致病因子引起的、通常具有感染性或中毒性的一类疾病，都称之为食源性疾病。本案中这些学生集体呕吐、腹泻的原因都是通过摄食有毒有害物质所引起。

校园食品安全问题严重影响教师及学生身体健康，更直接关系到学校正常的工作、学习秩序，学校和社会的稳定。目前，保证校园食品安全，既有《中共中央 国务院关于深化改革加强食品安全工作的意见》的基本要求，也有《中华人民共和国食品安全法》的明确规定，还有《学校食品安全与营养健康管理规定》等行政规章的专门规定。本案中提供营养午餐的公司就是没有严格执行学校食品安全与营养健康管理相关规定，导致了此次食品安全事件的发生，相关责任人受到了相应的法律处罚。

校园食品安全无小事，为校园提供餐饮服务的企业一定要制定严格的规章制度，保证所提供的食品安全、卫生、健康。同时，各地教育部门要督促学校校长、幼儿园园长强化责任担当，亲自部署、亲自协调、亲自督查，以高度的责任感做好学校食品卫生安全工作，保障广大师生的饮食安全。

【法条链接】

《中华人民共和国食品安全法》

第十条 各级人民政府应当加强食品安全的宣传教育，普及食品安全知识，鼓励社会组织、基层群众性自治组织、食品生产经营者开展食品安全法律、法规以及食品安全标准和知识的普及工作，倡导健康的饮食方式，增强消费者食品安全意识和自我保护能力。

新闻媒体应当开展食品安全法律、法规以及食品安全标准和知识的公益宣传，并对食品安全违法行为进行舆论监督。有关食品安全的宣传报道应当真实、公正。

《学校食品安全与营养健康管理规定》

第三十五条　学校食堂禁止采购、使用下列食品、食品添加剂、食品相关产品：

（一）超过保质期的食品、食品添加剂；

（二）腐败变质、油脂酸败、霉变生虫、污秽不洁、混有异物、掺假掺杂或者感官性状异常的食品、食品添加剂；

（三）未按规定进行检疫或者检疫不合格的肉类，或者未经检验或者检验不合格的肉类制品；

（四）不符合食品安全标准的食品原料、食品添加剂以及消毒剂、洗涤剂等食品相关产品；

（五）法律、法规、规章规定的其他禁止生产经营或者不符合食品安全标准的食品、食品添加剂、食品相关产品。

学校食堂在加工前应当检查待加工的食品及原料，发现有前款规定情形的，不得加工或者使用。

第三十六条　学校食堂提供蔬菜、水果以及按照国际惯例或者民族习惯需要提供的食品应当符合食品安全要求。

学校食堂不得采购、贮存、使用亚硝酸盐（包括亚硝酸钠、亚硝酸钾）。

中小学、幼儿园食堂不得制售冷荤类食品、生食类食品、裱花蛋糕，不得加工制作四季豆、鲜黄花菜、野生蘑菇、发芽土豆等高风险食品。省、自治区、直辖市食品安全监督管理部门可以结合实际制定本地区中小学、幼儿园集中用餐不得制售的高风险食品目录。

3. 销售伪劣口罩损害社会公共利益被公诉

【案情回放】

2020年1月24日至1月31日，蔡某某单独或与姚某某共同将不符合国家标准的"三无"劣质口罩冒充N95口罩予以高价销售，口罩被销往湖北、广东、浙江、湖南等全国21个省市，用于物资捐赠、药店超市销售、单位保障、民众自用等，其中进入公共流通领域37000余个，销售金额共计27万余元。经鉴定，涉案口罩的过滤效率实测值分别为6.5%、20.1%、8.7%，均不符合防护口罩国家相关标准。案发后，检察院对蔡某某、姚某某销售伪劣口罩损害社会公共利益的行为，向杭州互联网法院提起民事公益诉讼。

（来源：《浙江日报》2020年3月12日）

【案例评析】

该案是新冠肺炎疫情防控期间全国检察机关起诉的首例销售伪劣口罩民事公益诉讼案件，也是全国首例保护公共卫生安全的民事公益诉讼案件。

蔡某某、姚某某通过互联网将"三无"劣质口罩冒充N95口罩予以销售，被不知情的社会公众购买用于防护，不仅无法起到防御病毒的效果，反而存在传染及被传染的极大可能性，严重危害社会公众的生命健康安全，造成极大的公共卫生安全隐患，同时扰乱了合格口罩的市场经营秩序，侵占和浪费了大量宝贵的物流资源，致使社会公共利益受到侵害。蔡某某、姚某某的行为违反了《中华人民共和国消费者权益保护法》《中华人民共和国产品质量法》等相关法律规定，二人应承担相应的民事责任。

检察机关提起民事公益诉讼，请求判令被告在全国性的新闻媒体上发布警示公告，召回所销售的口罩；支付所销售的不符合国家标准的口罩价款3倍的赔偿金，共计82万余元；在全国性的新闻媒体上公开赔礼道歉。这是检察机关在疫情防控的特殊时期，首次对公共卫生安全开展的民事公益诉讼保护，意义特殊。

【法条链接】

《中华人民共和国消费者权益保护法》

第十条 消费者享有公平交易的权利。

消费者在购买商品或者接受服务时，有权获得质量保障、价格合理、计量正确等公平交易条件，有权拒绝经营者的强制交易行为。

《中华人民共和国产品质量法》

第二十六条 生产者应当对其生产的产品质量负责。

产品质量应当符合下列要求：

（一）不存在危及人身、财产安全的不合理的危险，有保障人体健康和人身、财产安全的国家标准、行业标准的，应当符合该标准；

（二）具备产品应当具备的使用性能，但是，对产品存在使用性能的瑕疵作出说明的除外；

（三）符合在产品或者其包装上注明采用的产品标准，符合以产品说明、实物样品等方式表明的质量状况。

第七章　学习道路交通安全知识

现代交通给我们的生活带来了很多便利，也给家长、学校带来了很多担忧。特别是近年来电动自行车数量快速增长，青少年骑电动自行车发生事故的概率也呈现上升势头。每年关于青少年在交通事故中意外伤亡的统计数据都是触目惊心的。这些悲剧的发生有时仅仅因为青少年缺乏道路交通安全知识，过于疏忽大意，没有足够的自我保护意识，以及部分家长监管不力。青少年已成为最易受到交通伤害的人群。

新修订的《未成年人保护法》规定，要通过采取配备儿童安全座椅、教育未成年人遵守交通规则等措施，防止未成年人受到交通事故的伤害，这是儿童乘车安全首次写入国家法律，为我国儿童出行安全又添了一层法律保障。没有哪一个单项措施能够规避青少年在道路上面临的各种风险，保护青少年远离道路交通伤害是家庭、社会、政府的共同责任。

普法课堂　出行安全知识概述

1. 中国交通安全日是哪一天？

每年 12 月 2 日为"全国交通安全日"。

2. 制定道路交通安全法的意义是什么？

国家制定道路交通安全法，是为了维护道路交通秩序，预防和减少交通事故，保护人身安全，保护公民、法人和其他组织的财产安全及其他合法权益，提高道路通行效率。

3. 交通信号灯有哪些？

交通信号灯有：（1）机动车信号指示灯；（2）非机动车信号指示灯；（3）人行横道信号指示灯；（4）车道信号指示灯；（5）方向指示信号指示灯；（6）闪光警告信号指示灯；（7）道路与铁路平面交叉道口信号指示灯。

机动车辆信号指示灯是由红、黄、绿 3 个无图样圆型单位构成的 1 组灯，引导机动车辆行驶。非机动车信号指示灯是由红、黄、绿 3 个内有单车图样的圆型单位构成的 1 组灯，引导非机动车行驶。绿灯亮时，允许通行，但拐弯的汽车不能影响被放行的直行汽车、行人通行。黄灯亮时，已超过停止线的汽车能够继续行驶。红灯亮时，严禁通行。在未设定非机动车信号指示灯和人行道信号指示灯的路口处，非机动车和行人应当依照机动车辆信号指示灯的指示行驶。

4. 人行横道红绿灯怎么看？

人行横道信号灯表示：

（1）绿灯亮时，准许行人通过人行横道。

（2）绿灯闪烁时，行人不准穿越，正在穿越的行人要尽快通过或返回原地。

（3）红灯亮时，禁止行人进入人行横道，但是已经进入人行横道的，可以继续通过或者在道路中心线处停留等候。

5. 什么是交通安全设施？

为维护交通秩序，确保交通安全，充分发挥道路交通的功能，依照规定在道路沿线设置的交通信号灯、交通标志和标线级交通隔离护栏等交通硬件的总称。

6. 道路交通标志如何分类?

我国的道路交通标志分为主标志和辅助标志两大类。

(1) 主标志包括禁令标志、指示标志、警告标志、指路标志、旅游区标志和告示标志。

①禁令标志,共 48 种,表示禁止、限制及相应解除的含义,道路使用者应严格遵守。该标志的构成色有:白色、黑色、红色、蓝色。图案一般为白底、红圈、红杠、黑图形,图形压杆(图形叠于杆之上)。采用文字方式的禁令标志,为白底、红圈、红杠、黑文字,形状为圆形或矩形。

②指示标志,共 43 种,表示指示车辆、行人行进的含义。标志构成色有:蓝色、白色、红色(会车先行标志)、黑色、绿色(货车通行标志)。图案一般为蓝底、白图形,形状为圆形或矩形。

③警告标志,共 47 种,用以警告车辆驾驶人应注意前方有难以发现的情况、需减速慢行或采取其他安全行动的情况。标志构成色有:黄(荧光黄)色、黄(荧光黄绿)色、粉红(荧光粉红)色、橙(荧光橙)色、黑色、红色。图案一般为黄底、黑文字、黑边框。标志形状为正等边三角形、矩形、叉形。

④指路标志,共 78 种,分为一般道路指路标志 28 种,高速公路、城市快速路指路标志 50 种。指路标志表示道路信息的指引,为驾驶人提供去往目的地所经过的道路、沿途相关城镇、重要公共设施、服务设施、地点、距离和行车方向等信息。标志构成色有:蓝色、绿色、白色。一般道路指路标志为蓝底、白图形、白边框、蓝色衬边,高速公路和城市快速路为绿底、白图形、白边框、绿色衬边。指路标志形状为矩形。

⑤旅游区标志,共 17 种,分为旅游指引标志和旅游符号标志两类,用以指引人们前往邻近的旅游区,识别通往旅游区的方向和距离,了解旅游项目的类别。标志构成色有:棕色、白色或彩色,一

般为棕底白字、白图案或彩色图案、白边框、棕色衬边。标志形状为矩形。

⑥告示标志，共 4 种，分为道路设施解释标志、路外设施指引标志、行车安全提醒标志，用以解释道路设施、指引路外设施或告示有关道路交通安全法规及交通管理安全行车的提醒等内容。告示标志的设置有助于道路设施、路外设施的使用和指引以及安全行车。标志构成色有：白色、黑色或彩色，一般为白底黑字、黑图案或彩色图案、黑边框、白色衬边。标志形状为矩形。

（2）辅助标志，共 20 种，是对主标志的辅助说明，主标志无法完整表达或指示其规定时，用于补充说明。辅助标志分为：表示时间、表示车辆种类属性、表示方向、表示区域或距离、表示设置禁令指示警告标志的理由和组合辅助标志。标志构成色有：白色、黑色、荧光黄绿色，一般为白底黑字、黑边框、黑衬边，学校、校车相关标志为白底或荧光黄绿底。标志形状为矩形。

7. 行走安全应注意哪些？

步行外出时要注意行走在人行道内，在没有人行道的地方要靠路边行走。横过马路时，有人行横道的，要遵照人行横道信号灯通行；有行人过街设施的，须走过街天桥或地下通道；没有行人过街设施和人行横道的，应当观察来往车辆的情况，确认安全后直行通过，不得在车辆临近时突然加速横穿或者中途倒退、折返。

8. 安全乘车应注意什么？

安全乘车应注意以下事项：

（1）乘坐公共交通工具时，要排队候车，按先下后上的顺序，不要拥挤，更不要与他人争抢。

（2）不能携带汽油、酒精、爆竹等易燃易爆危险物品上车。

（3）乘车时不要将头和手伸出窗外，这样容易被同向或相对方向行驶过来的车辆或树木和一些建筑物刮伤。

（4）不要向车窗外乱扔废纸、玻璃瓶罐等杂物，以防伤及他人。

（5）车上最好不要吃花生糖豆一类的食品，因为这些东西容易在汽车晃动时呛到气管，在车上吃东西也很容易受到污染。

（6）上车没有座位时要站稳、扶好，双脚自然分开，侧向站立，手应该握紧扶手，以免急刹车时摔倒受伤。

（7）乘坐小轿车、微型客车时应系好安全带。

（8）必要时坐卡车、拖拉机时应该蹲在或坐在车厢内，但是尽量避免乘坐这样的车。

（9）不要在机动车道上招呼出租汽车。

以案释法 出行安全警示案例

1. 跑闯红灯过马路酿祸患

【案情回放】

2017年1月16日，一段让人心惊肉跳的视频在网上流传。视频中，3名行人手拉手飞跑闯红灯过马路，跑到路中间被一辆快速驶来的私家车撞飞。17日，某园区公安微警务发布权威消息，证实被撞的3人皆为园区某中学学生，经医院检查3人无生命危险，现2人已出院，1人留院观察。经现场测试，机动车驾驶人酒精测试结果正常。

【案例评析】

人们从小就知道"红灯停，绿灯行，黄灯亮了等一等"，但为何仍要违反交通规则呢？归根结底还是人们规则意识淡薄、法治信仰缺失。青少年学生是国家和民族的未来，法治精神的种子如果不能从小在他们的心里生根发芽，并形成自觉守法、遇事找法、解决问题靠法的思维习惯，那么依法治国将成为一句空话。

《"八五"普法规划》将法治教育纳入国民教育体系，就是要在青少年时代对每一位社会成员开展系统的教育，发挥学校教育持续性、渐进性、专业性的优势，引导青少年树立规则意识、契约精神，尊崇公序良俗，从而实现法治的育人功能，使青少年在成长过程中不仅明白法律"是什么"，而且理解法律"为什么"，并能用所学指导生活中"怎么办"。本案中的3名中学生手拉手闯红灯过马路，违反了《道路交通安全法》，虽未造成重大伤亡事故，但仍让人心有余悸。广大青少年一定要吸取教训，在日常生活中要经常学习各种交通法规，自觉遵守交通规则，做新时代文明公民。

【法条链接】

《中华人民共和国道路交通安全法》

第六十一条　行人应当在人行道内行走，没有人行道的靠路边行走。

第六十二条　行人通过路口或者横过道路，应当走人行横道或者过街设施；通过有交通信号灯的人行横道，应当按照交通信号灯指示通行；通过没有交通信号灯、人行横道的路口，或者在没有过街设施的路段横过道路，应当在确认安全后通过。

第六十三条　行人不得跨越、倚坐道路隔离设施，不得扒车、强行拦车或者实施妨碍道路交通安全的其他行为。

第六十四条第一款　学龄前儿童以及不能辨认或者不能控制自己行为的精神疾病患者、智力障碍者在道路上通行，应当由其监护人、监护人委托的人或者对其负有管理、保护职责的人带领。

《中华人民共和国道路交通安全法实施条例》

第七十条　驾驶自行车、电动自行车、三轮车在路段上横过机动车道，应当下车推行，有人行横道或者行人过街设施的，应当从人行横道或者行人过街设施通过；没有人行横道、没有行人过街设施或者不便使用行人过街设施的，在确认安全后直行通过。

因非机动车道被占用无法在本车道内行驶的非机动车，可以在受阻的路段借用相邻的机动车道行驶，并在驶过被占用路段后迅速驶回非机动车道。机动车遇此情况应当减速让行。

2. 驾驶电动自行车不佩戴安全头盔隐患大

【案情回放】

2021年3月23日，某市某中学15周岁的中学生胡某驾驶电动自行车在上学途中，因闯红灯与抢黄灯行驶的小型轿车发生相撞，轿车将胡某撞飞5米多远。胡某当时车上有安全头盔，却没有佩戴，万幸的是在被撞时不是头部先着地，这才逃过一劫。

【案例评析】

据统计，在电动自行车驾乘人员死亡的交通事故当中，约有80%是颅脑损伤致死，如果佩戴安全头盔，死亡风险将大大降低。

安全头盔是一种用于电动自行车、摩托车乘员（包括驾驶人及乘坐人员）的头部保护装置，戴安全头盔的主要目的是在受到冲击时能保护乘员的头部，阻止或减轻伤害乃至挽救乘员的生命。有人说骑电动自行车不戴安全头盔并不违法，因为《道路交通安全法》第51条这样规定："机动车行驶时，驾驶人、乘坐人员应当按规定使用安全带，摩托车驾驶人及乘坐人员应当按规定戴安全头盔。"法律只要求摩托车乘员必须佩戴安全头盔，而对电动自行车乘员并未规定必须佩戴安全头盔。虽然国家层面的法律法规没有明文规定骑电动自行车必须戴安全头盔，但是很多地方性法规在倡导文明出行时，都对电动自行车上路佩戴安全头盔有规定。因此，驾驶电动自行车上路行驶，除应当遵守道路交通安全法律法规的道路通行规定外，驾乘人员还应当遵守地方法规，规范佩戴安全头盔。

本案中胡某驾驶电动自行车（未佩戴安全头盔）闯红灯时与轿

车相撞，险些酿成大祸。为了自己和家人的安全，驾乘电动自行车时请自觉佩戴安全头盔。

【法条链接】

《中华人民共和国道路交通安全法》

第六条　各级人民政府应当经常进行道路交通安全教育，提高公民的道路交通安全意识。

公安机关交通管理部门及其交通警察执行职务时，应当加强道路交通安全法律、法规的宣传，并模范遵守道路交通安全法律、法规。

机关、部队、企业事业单位、社会团体以及其他组织，应当对本单位的人员进行道路交通安全教育。

教育行政部门、学校应当将道路交通安全教育纳入法制教育的内容。

新闻、出版、广播、电视等有关单位，有进行道路交通安全教育的义务。

第五十一条　机动车行驶时，驾驶人、乘坐人员应当按规定使用安全带，摩托车驾驶人及乘坐人员应当按规定戴安全头盔。

3. 快乐出游更需防范安全隐患

【案情回放】

9岁的亮亮特别喜欢去游乐场玩耍，因为爸爸妈妈工作忙，亮亮很少有机会去游乐场。一个星期天，原本爸爸妈妈已经答应亮亮去游乐场，因为临时又要加班，就让亮亮的奶奶带他去。奶奶年纪比较大，好多游乐项目都玩不了，亮亮就一个人玩。在玩其中一项游乐项目时，亮亮右手拇指被挤伤，经医院诊断为右手拇指骨折合并髋损伤，进行了手术治疗。经司法鉴定，亮亮遗有右手拇指活动轻度受限，鉴定为十级伤残。亮亮的父母将游乐场告上法庭，要求游乐场赔偿各项损失共10万元。

【案例评析】

　　公共场所的管理人未尽到安全保障义务，造成他人损害的，应承担侵权责任。公共场所遭受损害的责任称之为安全保障责任。公共场所的经营者、管理者未尽到安全保障义务，造成他人损害的，要承担侵权责任。《民法典》第1198条规定，宾馆、商场、银行、车站、机场、体育场馆、娱乐场所等经营场所、公共场所的经营者、管理者或者群众性活动的组织者，未尽到安全保障义务，造成他人损害的，应当承担侵权责任。因第三人的行为造成他人损害的，由第三人承担侵权责任；经营者、管理者或者组织者未尽到安全保障义务的，承担相应的补充责任。经营者、管理者或者组织者承担补充责任后，可以向第三人追偿。

　　游乐场是孩子们快乐的天堂。近年来，随着人们生活水平的提高，儿童游乐行业得到迅猛发展。儿童游乐设施遍布大小城市的广场或公园，但其安全监管长期处于盲区。而且游乐场人流量大、游乐设施复杂，往往存在较多的安全隐患。在本案中，游乐场所作为公共场所之一，应当肩负高度的安全注意义务和安全保障义务，避免伤害事件的发生，所以应承担亮亮合理损失的大部分责任。后续治疗的费用，如因该事故所致，游乐场仍有义务在应承担责任范围内进行赔偿。同时，家长和孩子们也应该提高外出游玩的安全意识，注意加强保护，在选择游乐场所和游乐项目时，一定要注意游乐场所的安全性和管理能力，并严格按照孩子的年龄和自己的可控程度挑选合适的游乐项目。

【法条链接】

　　《国务院安委会办公室关于加强游乐场所和游乐设施安全监管工作的通知》

　　五、进一步加强宣传引导，营造良好社会氛围

　　各地区、各有关部门和单位要通过电视、广播、标语横幅、微

信、微博等各种媒介，针对家长、儿童、学生等重点群体定期开展安全宣传教育，普及安全常识。特别在节假日、重大活动期间，要督促游乐场所经营管理主体积极开展游乐场所和游乐设施安全宣传教育活动，认真为游玩者讲解游乐设施使用注意事项。畅通举报渠道，实施举报奖励制度，广泛发动群众查找和举报游乐场所安全隐患。大力引导行业协会促进行业自律，充分运用保险等市场机制引导保险机构参与游乐场所安全管控，在全社会营造共同关心和推动游乐场所安全管理的良好氛围。

第八章　学习校园内维权知识

校园是学生健康成长和努力学习的美好乐园。校园和谐平安，学校才能长足发展。以学校安全带动家庭、社会安全，是学校安全教育的最大意义。在享受校园生活的同时，绝不能对学生在校安全问题掉以轻心。校园伤害多与某些学生的生活环境和不健康的心理相关，有的学生由于对家长、老师或同学不满，以盲目反抗情绪和攻击的态度对待别人；有的学生从小缺乏与同龄人的正常交往，不会与人和睦相处，养成了随便打人、骂人的坏习惯；有些学生结成团伙，名为讲"义气"，实际专门欺负弱小或是他们看不顺眼的同学，从而发生打架斗殴伤害事件。这些问题引发了严重后果，需要每一位参与者高度重视，共同建设平安校园。

普法课堂　校园伤害维权知识概述

1. 什么是校园伤害事故？

根据教育部《学生伤害事故处理办法》的规定，校园伤害事故是指在学校实施的教育教学活动或者学校组织的校外活动中，以及在学校负有管理责任的校舍、场地、其他教育教学设施、生活设施内发生的，造成在校学生人身伤害或者死亡和在校学生造成他人人身伤害或死亡的事故。

2. 校园伤害事故的法律责任有哪些类型？归责原则是什么？

校园伤害事故大致可归为两类：责任事故和意外事故，只有在责任事故中，学校才有责任可言。校园伤害事故的法律责任可以分为三种基本类型：学校责任、未成年学生及其监护人的责任和第三人责任。

学校在校园伤害事故中的归责原则为过错责任原则。

学校责任事故是指学校由于过错，违反教育法律法规及其有关规定，未对在校就读的未成年学生尽到教育、管理、保护的职责，造成学校学生伤害事故，学校应承担事故的侵害赔偿责任。

如未成年人校园伤害事故中，加害人是学校和未成年人学校以外的第三人，则归责原则的适用应视加害行为而定。如属一般侵权行为，则适用过错责任原则，如系环境污染致人损害、动物致人损害或产品质量事故等，则适用无过错原则；如双方均无过错，则有可能适用公平责任原则。

3. 校园安全隐患有哪些方面？

校园安全涉及青少年生活和学习方面的安全隐患有20多种：食物中毒、体育运动损伤、网络交友安全、交通事故、火灾火险、溺水、毒品危害、性侵犯、艾滋病等。

4. 儿童在学校发生意外伤害后应该怎么办？

首先，学校和家长平时要多进行安全教育的训练和讲解，使孩子在日常生活中养成保护自己的好习惯。

其次，发生伤害事故以后，一定要及时就医治疗，不要拖延时间，以免伤害扩大，造成不必要的损失。

最后，发生伤害后，尽量和平协商解决，避免矛盾激化，避免在孩子内心留下阴影。

5. 校方应如何兼顾学校和学生双方的合法权益？

（1）学校的选址应远离危爆场所，教学楼、教学设施、校园内道路、卫生间、宿舍等学生利用频次较多的地方应符合相关法律法规规定的标准，并在易碎、易滑等地方张贴警示标志。

（2）建立并完善各类安全管理制度，明确安全管理各级各类主体责任。

（3）加强安全管理教育，对教职员工加强安全管理培训，强化安全管理意识；对学生定期开展安全管理课程教育并定期开展应急安全演练，使之形成安全保护意识。

（4）建立特殊安全管理制度，如对特异性体质、隐藏性疾病学生和校外活动的特殊管理保护机制。

（5）建立与学生家长互动机制，邀请学生家长参与日常教学管理活动，加强学校与学生家长的互动交流，并获得理解与支持。

（6）建立意外伤害事故处置应急预案。

（7）购买商业保险。

以案释法 校园伤害警示案例

1. 学生在校遭殴打侮辱，校园暴力现象须警惕

【案情回放】

被告人朱某等5人均系北京某校在校学生（犯罪时均未满18周岁），2017年2月28日，5名被告人在女生宿舍楼内，采用辱骂、殴打、逼迫下跪等方式侮辱女生高某某（17周岁），并无故殴打、辱骂女生张某某（15周岁）。经鉴定，两位被害人的伤情构成轻微伤，5名被告人的行为造成被害人高某某无法正常生活、学习的严重后果。

法院经审理认为，被告人朱某等人随意殴打和辱骂他人，造成二人轻微伤，严重影响他人生活，侵犯公民人身权利，破坏社会秩序，构成寻衅滋事罪，且系共同犯罪。据此，以寻衅滋事罪依法分别判处5名被告人11个月至1年不等的有期徒刑。

(来源：人民网2021年9月1日)

【案例评析】

校园欺凌，指在校园内外学生间一方（个体或群体）单次或多次蓄意或恶意通过肢体、语言及网络等手段实施欺负、侮辱，造成另一方（个体或群体）身体和心理伤害、财产损失或精神损害等的事件。校园欺凌问题关系到未成年人的健康成长，也牵系着每一个家庭的敏感神经，已成为全社会关注的热点问题。本案是一起典型的校园欺凌行为构成犯罪的案件。案中5名被告人的行为已经不仅仅是同学伙伴之间的打闹玩笑，也不仅仅是一般的违反校规校纪的行为，而是触犯刑法应当受到刑罚惩处的犯罪行为。对此类行为，如果仅仅因被告人是未成年人而"大事化小，小事化了"，就会纵容犯罪，既不利于被告人今后的健康成长，更不利于保护同是未成年人的被害人。法院充分考虑5名被告人主观恶性和行为的社会危害性，对其分别判处相应的实刑，符合罪刑相适应原则，在有效维护了未成年被害人合法权益的同时，也给在校学生上了一堂生动的法治课。针对校园欺凌问题，家庭、学校要通过各种方式加强青少年基础法律知识的教育，引导青少年形成正确的是非观、价值观。青少年如果遭遇校园欺凌，应在能确保自身安全的前提下寻求帮助，要及时和老师、家长、警察联系，要学会用法律武器保护自己。

【相关链接】

校园欺凌的处理措施

（1）学生方面。遇到校园欺凌要勇于向老师、家长报告，使欺凌者得到应有的教育和惩罚。

（2）家长方面。如果孩子出现欺凌行为，要清楚地告诉孩子校园欺凌是错误的，不能再欺凌他人，展示出家长致力于解决此问题的态度。如果孩子在校外欺凌他人，有必要的话要报告学校协同处理，共同矫正孩子的欺凌行为。同时，要请专业人士对受害者进行心理辅导。

（3）学校、老师方面。校园欺凌事件的处置以学校为主，校方应加强预防校园欺凌的宣传教育，并制定校园欺凌应急处理方案。大多数情况下的欺凌，情节较轻微，可由学校政教处、班主任、教师及时处理、教育惩戒。主要是进行一对一教育，对学生进行思想开导，摆事实、讲道理，并实行适当的惩戒。

（4）社会方面。社会要加强反欺凌宣传力度，呼吁人民群众关注校园欺凌。一旦遇到校园欺凌事件，要及时出手制止、疏散并迅速报警。

2. 教师猥亵学生，绝对零容忍

【案情回放】

祁某原系浙江省某市小学教师。执教期间，2013年1月，有学生家长以祁某非礼其女儿为由向学校举报，祁某写下书面检讨并保证不再发生此类事件。2016年12月，祁某退休，因师资力量短缺，该校返聘祁某于2016年12月至2017年8月继续担任语文老师兼班主任。祁某利用教学之便，在课间活动及补课期间，多次对多名女学生进行猥亵。2017年8月30日，被告人祁某主动到派出所投案。

法院经审理认为，被告人祁某利用教师身份，多次猥亵多名未满12周岁的幼女，且部分系在公共场所当众猥亵，严重破坏教学秩序，社会危害性极大，其行为已构成猥亵儿童罪，应当在"5年以上有期徒刑"的幅度内从重处罚；而且，其曾因类似行为被举报，仍不思悔过致本案发生，应酌情从重处罚。据此，以猥亵儿童罪依法判处被告人祁某有期徒刑 8 年 6 个月；禁止其在 3 年内从事与未成年人相关的教育职业。

（来源：《人民法院报》2019 年 6 月 1 日）

【案例评析】

猥亵罪是指以暴力、威胁或者其他手段，违背妇女或者儿童的意志，强制猥亵或侮辱妇女或者儿童，并且情节严重构成犯罪。凡达到刑事责任年龄且具备刑事责任能力的自然人均能构成犯罪。本案中教师祁某利用教学便利对未成年学生实施猥亵的恶性案件，给被害人和家人造成了严重的身心伤害，挑战道德法律底线，性质极其恶劣，危害后果严重，必须从严惩处。被告人祁某虽已年过六十，但法院考虑其被学校返聘、补课等情况，仍从有效预防侵害未成年人犯罪角度出发，秉持对侵害未成年人的绝不容忍的态度，依法对被告人祁某适用从业禁止。此类案件反映出极个别学校对未成年人权益保护仍然存在管理不善、制度不落实、执行不到位的现象，需要有关学校及部门引起重视。同时，同学们也要保护好自己，做到防患于未然。

【法条链接】

《中华人民共和国治安管理处罚法》

第四十四条　猥亵他人的，或者在公共场所故意裸露身体，情节恶劣的，处五日以上十日以下拘留；猥亵智力残疾人、精神病人、不满十四周岁的人或者有其他严重情节的，处十日以上十五日以下拘留。

《中华人民共和国刑法》

第二百三十七条　以暴力、胁迫或者其他方法强制猥亵他人或者侮辱妇女的，处五年以下有期徒刑或者拘役。

聚众或者在公共场所当众犯前款罪的，或者有其他恶劣情节的，处五年以上有期徒刑。

猥亵儿童的，处五年以下有期徒刑；有下列情形之一的，处五年以上有期徒刑：

（一）猥亵儿童多人或者多次的；

（二）聚众猥亵儿童的，或者在公共场所当众猥亵儿童，情节恶劣的；

（三）造成儿童伤害或者其他严重后果的；

（四）猥亵手段恶劣或者有其他恶劣情节的。

《中华人民共和国未成年人保护法》

第四十条第一款　学校、幼儿园应当建立预防性侵害、性骚扰未成年人工作制度。对性侵害、性骚扰未成年人等违法犯罪行为，学校、幼儿园不得隐瞒，应当及时向公安机关、教育行政部门报告，并配合相关部门依法处理。

3. 班干部催交作业致同学意外受伤需担责

【案情回放】

小牛、小林和小邹是同班同学，2019年某天的早上，身为班长的小牛和学习委员小林在检查同学作业时发现，同班同学小邹没有完成作业。身为班干部的他们，强硬地让小邹站在门口等老师来。被推到门口的小邹因害怕被老师责备，拼命地想回到教室里去，可小牛和小林就是不让。

双方发生了争执，由于用力过猛，教室门上的玻璃被打碎，碎玻璃割伤了小邹的手腕。经医院治疗诊断，小邹的手筋被割伤，治疗费用前后花去2万余元。

小邹出院后，其父母将学校、班干部小牛和小林告上法院，要求三被告连带赔偿医药费2万元。经法院调解，学校出于提供设施有缺陷同意补偿小邹7000元，小牛和小林在本案中存在过错，每人赔偿1500元。

【案例评析】

此案特殊在小牛和小林的身份上，帮助学校、老师管理学生是班长和学习委员职责的一部分。但学生干部只需尽到适当的规劝义务即可，如果对方不听，可以上报给老师或者学校，由他们出面管理，切忌将自己的职责扩大，造成对他人的伤害，最终给自己的学习和生活带来影响。

此类案件属于发生在同学间的伤害事故，责任主体视具体情况而定。一般应先考虑加害人的监护人，如果其中认定学校有过错的，才可以适当减轻监护人的责任，由学校承担适当的责任。

【相关链接】

校园事故分类

（1）学生彼此之间因为运动、游戏或者其他原因导致的伤害的事故。

（2）发现学生行为具有危险性，但未进行必要的管理、告诫或者制止的；未及时告知未成年学生的监护人，导致未成年学生因脱离监护人的保护而发生伤害的。

（3）由于教师或者其他学校员工玩忽职守、责任心不强或体罚学生等原因导致学生受到人身伤害的事故。

（4）意外事故导致学生人身伤害。这类事故的特点是导致学生受到人身伤害的原因并非学校的教师和同学，而是一些意外因素。

第九章　学习预防沉迷网络知识

网络、游戏，可使人增长知识，开阔视野，也能供人娱乐消遣。但中国有句古话叫玩物丧志，意思是，做什么都要有"度"，否则就会物极必反。青少年偶尔玩游戏，缓解一下紧张的情绪是可以的，但是通宵达旦地玩就本末倒置了，既不能调节生活，反而会伤害身体、影响学习，甚至触犯法律，从而贻误终身。

普法课堂　预防沉迷网络知识概述

1. 什么是网络成瘾？

网络成瘾是指无成瘾物质作用下对互联网使用冲动的失控行为，表现为过度使用互联网后导致明显的学业、职业和社会功能损伤。其中，持续时间是诊断网络成瘾障碍的重要标准，一般情况下，相关行为需至少持续12个月才能确诊。

2. 网瘾有哪些危害？

（1）危害身心健康；

（2）导致学习成绩下降；

（3）弱化道德意识；

（4）降低人际交往能力；

（5）扭曲人生观、价值观。

3. 如何判断上网成瘾？

上网综合征的初期表现为：一到电脑前就废寝忘食，常上网发泄痛苦、焦虑等。更有甚者表现为上网时身体会颤抖，手指经常出现不由自主敲打键盘的动作，再发展下去会导致舌头与两颊僵硬甚至失去自制力，出现幻觉。

4. 未成年人上网时，如何保护好自己的人身安全？

（1）保守自己的身份信息；

（2）不随意回复信息；

（3）收到垃圾邮件应立即删除；

（4）不要与网上"遇见"的人见面；

（5）如果在网上遇到故意伤害，应该寻求家长、老师或者自己信任的其他人帮助；

（6）不做可能会对其他人的安全造成影响的活动。

5. 如何有效利用网络？

（1）不漫无目的地上网。

（2）上网前定好上网目标和要完成的任务；上网中围绕目标和任务，不被中途出现的其他内容吸引；可暂时保存任务之外感兴趣的内容，待任务完成后再查看。

（3）事先筛选上网目标，排出优先顺序。

（4）根据要完成的任务，合理安排上网时间的长度。

（5）不要为了打发时间而上网。

6. 预防网络沉迷家长该怎么做？

（1）要善引导，重监督。家长须强化监护职责，养良善之德，树自卫之识，戒网络之瘾，辨不良之讯。

（2）要重表率，立榜样。家长须重视网瘾危害，懂预防之策，远网游之害，读有益之书，表示范之率。

（3）要常陪伴，增亲情。家长须营造和美家庭，增亲子之情，理假日之乐，广健康之趣，育博雅之操。

（4）要导心理，促健康。家长须关注子女情绪，调其心理，坚其意志，勇于面对挫折，正确利用网络。

（5）要多配合，常沟通。家长须主动配合学校，常通报情况，多交换信息，早发现苗头，防患于未然。

以案释法 沉迷网络警示案例

1. 未成年人巨额打赏主播，钱能要回吗

【案情回放】

卖菜大叔老刘16周岁的儿子浩浩闯下了大祸，他将爸爸银行卡里近160万元全部打赏给一名直播平台的主播。老刘忙于生计，很少过问儿子的生活，并不知道浩浩沉迷网络游戏和网络直播。浩浩用母亲的身份证信息在网络直播平台上注册登录，为了引起主播的关注，他频频给主播刷礼物打赏。短短3个月内，浩浩在直播间不知不觉间把银行卡里近160万元全部打赏给了主播。父母发现后，多次联系该直播平台说明情况，希望对方能退还不懂事孩子打赏的钱，却遭到拒绝。多方申诉无门，老刘将这家网络直播平台告上法庭。经过多次协调，当事双方达成庭外和解，网络公司全部返还了近160万元，原告老刘申请撤回起诉。

（来源：《中国青年报》2020年7月29日）

【案例评析】

近年来，我国网络支付技术和网络娱乐服务业发展迅猛，未成年人投入巨款充值玩网络游戏、给主播打赏等现象屡见不鲜。本案中，浩浩的父母是有权向网络直播平台要求返还该笔巨额打赏款项

的。根据《民法典》第 19 条和第 145 条的规定，浩浩打赏主播时 16 周岁，属于限制民事行为能力人，判断其行为有效的关键在于其打赏行为是否与其年龄、智力等相适应。显然，对于 16 周岁的浩浩来说，其年龄、智力等方面都不成熟，打赏主播可能是基于虚荣攀比、好奇跟风，自身未能完全意识到打赏的金额大小及后果，其打赏近 160 万元的行为，应当认为是与其年龄、智力不相适应的民事法律行为，且其打赏行为也未经其父母同意或追认，因此该行为自始没有法律约束力。据此，浩浩的父母请求网络直播平台返还该款项时，网络直播平台应当予以返还。这既有利于保护未成年人的利益，也有利于网络直播行业的健康有序发展。

【法条链接】

《中华人民共和国民法典》

第十九条 八周岁以上的未成年人为限制民事行为能力人，实施民事法律行为由其法定代理人代理或者经其法定代理人同意、追认；但是，可以独立实施纯获利益的民事法律行为或者与其年龄、智力相适应的民事法律行为。

第一百四十五条第一款 限制民事行为能力人实施的纯获利益的民事法律行为或者与其年龄、智力、精神健康状况相适应的民事法律行为有效；实施的其他民事法律行为经法定代理人同意或者追认后有效。

《最高人民法院关于依法妥善审理涉新冠肺炎疫情民事案件若干问题的指导意见（二）》

9. 限制民事行为能力人未经其监护人同意，参与网络付费游戏或者网络直播平台"打赏"等方式支出与其年龄、智力不相适应的款项，监护人请求网络服务提供者返还该款项的，人民法院应予支持。

《关于加强网络直播规范管理工作的指导意见》

6. 加强未成年人保护。网络直播平台应当严禁为未满16周岁的未成年人提供网络主播账号注册服务，为已满16周岁未满18周岁未成年人提供网络主播账号注册服务应当征得监护人同意；应当向未成年人用户提供"青少年模式"，防范未成年人沉迷网络直播，屏蔽不利于未成年人健康成长的网络直播内容，不得向未成年人提供充值打赏服务；建立未成年人专属客服团队，优先受理、及时处置涉未成年人的相关投诉和纠纷，对未成年人冒用成年人账号打赏的，核查属实后须按规定办理退款。

2. 中学生控制不住玩手机欲轻生

【案情回放】

2020年5月的一天，安徽黄山某中学一男孩站在学校宿舍5楼阳台准备跳楼轻生。消防队根据现场情况安排救援方案：一组消防员在楼下架设充气气垫，另一组用铁锹强行破坏拆开宿舍门安抚男孩情绪。消防员趁男孩不注意迅速控制他的双手，并将其抱进宿舍床铺。据了解，孩子准备跳楼前还写了一封遗书，其中有两段内容是："对不起，你们去生一个更好的吧""我控制不住自己玩手机，对不起"。

（来源：中国新闻网2020年6月6日）

【案例评析】

这是典型的网瘾造成孩子轻生的案例。从男孩遗书的文字中可以看出他在玩手机上已经成瘾，无法控制自己不去玩手机。

网瘾，是指上网者由于长时间、习惯性地沉浸在网络时空当中，对互联网产生强烈的依赖，以至于达到了痴迷的程度而难以自我解脱的行为状态和心理状态。网瘾是一种心病，沉迷网络时间越长，上瘾程度越深，而且越玩越投入，越玩欲望越大，哪怕是破坏自己的作息都无所谓。

手机是一把双刃剑，它既方便了孩子的学习和生活，同时又使孩子深陷网络之中而无法自拔，以致影响孩子的正常生活，甚至会影响到孩子的身体健康。那么，怎样防止孩子沉迷网络呢？首先，家长应树立健康上网好榜样，回到家里不在孩子面前玩手机、上网，或是盯着手机不放手。其次，家长和孩子一起共同制订手机使用公约，规定孩子每天使用手机的时间（包括时段和时长）。再次，支持孩子利用手机进行学习，如上网查阅资料、积极解决疑难问题等，让手机成为孩子学习的助手，从而消除手机对孩子的负面影响。最后，可以培养孩子有益的兴趣爱好，如学习撰写、发布公众号文章，拍摄短视频等，提升孩子的写作、动手能力。

【法条链接】

《中华人民共和国未成年人保护法》

第十七条 未成年人的父母或者其他监护人不得实施下列行为：

……

（六）放任未成年人沉迷网络，接触危害或者可能影响其身心健康的图书、报刊、电影、广播电视节目、音像制品、电子出版物和网络信息等；

（七）放任未成年人进入营业性娱乐场所、酒吧、互联网上网服务营业场所等不适宜未成年人活动的场所；

……

3. 受网络小说不良影响犯下诈骗罪

【案情回放】

徐某是某校高二女生，学习压力大，无法排解，每天放学后她就把自己关在屋里，从网上阅读喜欢的网络小说。暑假期间，徐某熬夜看完了一部网上热门的犯罪小说，里面的女主角诈骗手机的情节给她留下了深刻印象。为寻求刺激，徐某模仿书里的手段先后3

次通过互联网约网友见面，并以自己手机没电了，借用网友手机的名义将手机骗走，涉案价值达1万多元。最终，徐某被认定犯诈骗罪。其实，徐某家境良好，据她自己说，犯罪的直接原因就是受到网络小说的不良影响。

【案例评析】

网络是把双刃剑，在我们利用网络扩大视野、获取知识的同时，有的青少年通过网络实施犯罪，自毁前程；有的青少年网上交友不慎，遭受财物损失；有的青少年在黑网吧，遭受人身危害，生命凋零在美丽的花季。青少年的违法犯罪行为中，网络既是诱因又是手段。例如，受网络暴力影响，没钱上网时模仿实施盗窃、诈骗、抢劫等犯罪行为；因上网与他人发生争执而实施斗殴、伤害类犯罪；或者运用计算机病毒实施犯罪等。

未成年人在使用网络过程中，也有遭受侵害的情况，主要集中于两点：

一是网上交友不慎、泄漏个人信息，从而遭受人身、财产侵害；

二是因网络直接遭受财产损失，如因约见网友而遭遇抢劫、诈骗，受钓鱼网站蒙骗而财物受损等。

【相关链接】

青少年如何避免网络侵害？

（1）不要在不信任的网站留下任何真实的个人信息，包括姓名、家庭住址、就读学校、银行卡号、真实照片等。也不要将真实的个人信息透露给其他网友。

（2）注意加强个人安全保护意识，注重言行规范，避免自己的不当言行被别有用心的人员利用造成不法侵害。

（3）在网络活动中应守法自律，对网络上散播的有害、不实的公众信息进行分辨。不要受不良言论和信息的误导，不要参与有害和无用信息的制作和传播。

（4）应当尽量避免和陌生网友直接会面或参与各种联谊活动，尤其不建议未成年人单独与网友见面，以免被不法分子抓住可乘之机，危及自身安全。

（5）应在家长的帮助和指导下进行网络购物或交易。事先对商品信息或交易情况进行核实，不轻易向对方付款或提供银行卡密码，警惕网络诈骗。

（6）不要混淆虚拟世界与现实世界。合理安排上网时间，提高自制力，让网络成为自己成长和学习的最好工具。

（7）不要把网络作为一个永久的精神寄托场所。未成年人在现实世界中如果遇到不如意的事情应当勇于担当、勇敢面对，不能将希望寄托在网络上，靠网络寻求慰藉或发泄是在回避问题，不是解决之道。

（8）家长应对孩子上网情况多加关心、指导和监督，并适当控制孩子的上网时间。

第十章　学习预防家庭伤害知识

家庭，应该是未成年人最安全、最可靠、最温暖的地方。然而，由于各种各样的原因，青少年学生家庭伤害事件时有发生，其中包括家庭虐待、意外事故、外来侵害等。《未成年人保护法》第15条明确规定："未成年人的父母或者其他监护人应当学习家庭教育知识，接受家庭教育指导，创造良好、和睦、文明的家庭环境。共同生活的其他成年家庭成员应当协助未成年人的父母或者其他监护人抚养、教育和保护未成年人。"同时，该法禁止对未成年人实施家庭暴力，禁止虐待、遗弃未成年人。可是不少家长却无视《未成年人保护法》，认为孩子是自己的，爱怎么管就怎么管，要怎么打就怎么打，而未成年的孩子又缺乏自我保护意识，因此时常出现儿童受侵害的悲剧。

普法课堂　预防家庭伤害知识概述

1. 什么是虐童？

虐童是指所有会对孩子成长造成负面影响的语言、肢体暴力，所有对孩子的性侵害和对孩子基本生存需求的忽视。各国学者及机构普遍将虐童分为4种类型：身体虐待、情感虐待、性虐待和忽视。

2. 针对虐童，我国法律是如何规定的？

制止虐童，制止家庭暴力，人人有责。《反家庭暴力法》明确指出，反家庭暴力是国家、社会和每个家庭的共同责任。国家禁止任何形式的家庭暴力。

3. 什么是人身安全保护令？

人身安全保护令制度由《反家庭暴力法》首次确立。该法于 2016 年 3 月 1 日起施行，其中规定：当事人因遭受家庭暴力或者面临家庭暴力的现实危险，向人民法院申请人身安全保护令的，人民法院应当受理。人民法院应当在 72 小时内作出裁定，情况紧急的应当在 24 小时内作出。人身安全保护令的保护范围可以包括申请人及其相关近亲属。

4. 能否撤销施暴父母的监护权？

《反家庭暴力法》第 21 条规定，监护人实施家庭暴力严重侵害被监护人合法权益的，人民法院可以根据被监护人的近亲属、居民委员会、村民委员会、县级人民政府民政部门等有关人员或者单位的申请，依法撤销其监护人资格，另行指定监护人。撤销施暴父母的监护权本身不是目的，而是督促父母改正暴力行为的手段。是否撤销施暴父母监护权，应遵循儿童利益最大化原则。

5. 如何破除孩子遭家暴却举证难的问题？

第一，有的被害人身上的瘀青伤痕可能会随着时间的推移褪去，影响伤情鉴定结果，公安部门可以加快此类案件办案进程，及时固定证据进行鉴定，完善证据链条。第二，学校和社区应该承担起更多的社会监管责任，发现异常情况及时向有关部门反映，落实对虐童行为的强制报告义务。此外，建议不要将相关视频、图片随意发布到互联网，这既不利于儿童隐私保护，也影响案件正常办理。第三，未成年被害人没有足够的辨别是非的能力，需要有关部门加强自我保护方面的教育和宣传。

6. 全社会应该如何保护未成年人免遭家庭暴力？

《反家庭暴力法》明确规定，未成年人遭受家庭暴力的，应当给予特殊保护，要求学校、幼儿园、医疗机构、居民委员会、村民委员会、社会工作服务机构、救助管理机构、福利机构及其工作人员在工作中发现未成年人遭受或者疑似遭受家庭暴力的，应当及时向公安机关报案。

7. 孩童遭父母家暴，责任如何厘清？

如果孩童父母长期对其施暴，造成了孩童严重的身体损害或精神损害，后果严重，应该以虐待罪追究刑事责任；如果不是长期虐待而是偶尔的一次性殴打，造成轻伤以上后果，应按故意伤害罪追究刑事责任。如果孩童父母的行为违反治安管理处罚法，应当给予治安管理处罚，情节特别轻微不予治安管理处罚的，应当给予批评教育并通报当地村（居）民委员会。

以案释法 家庭伤害警示案例

1. 父亲暴力管教女儿被撤销监护人资格

【案情回放】

2021年11月，湖北省黄冈市黄州区人民法院公开开庭审理一起因父母对未成年子女实施暴力，由社区居委会申请撤销其监护权的案件。被申请人刘某（化名）曾多次对女儿实施暴力，法院判决撤销其对女儿的监护权，并同时指定奶奶作为监护人。

2006年刘某的女儿小星（化名）出生，刘某与妻子离婚后，小星跟随父亲刘某生活。刘某经常在管教小星时使用暴力，尤其是在女儿进入高中后，成绩稍有波动，便对小星大打出手，甚至造成小星轻微伤。为了给小星营造更好的学习和成长环境，2021年8月中旬，在黄州区人民检察院的支持下，社区居委会向法院提起了撤销监护人资格申请的诉讼，请求法院撤销刘某对其女儿的监护人资格，并指定小星的奶奶为监护人。

庭审中，小星的奶奶表示有监护能力且有监护意愿，小星也同意由奶奶作为其监护人。法院认为，刘某在履行监护职责过程中多次实施暴力，其行为给小星的身体及心理健康成长造成了严重损害，遂撤销刘某的监护资格，同时指定小星的奶奶作为小星的监护人。

（来源：中国法院网2021年11月26日）

【案例评析】

父母是未成年子女的法定监护人，对未成年子女负有抚养、教育和保护的义务。本案中，刘某在履行监护职责过程中多次实施暴力，其行为给小星的身体及心理健康成长造成了严重损害。依据现实情况撤销刘某的监护人资格，可有效防止暴力行为给孩子造成严重的心理阴影，帮助未成年人健康成长，为孩子营造良好的生活和学习环境。但必须明确的是，刘某虽被撤销监护人资格，但相关义务并未取消，其还应继续履行负担抚养费等应尽的义务。监护权既是一种权利，更是法定的义务。在监护人实施严重损害被监护人身心健康行为时，经过法定程序，监护资格会被依法撤销。

【法条链接】

《中华人民共和国家庭教育促进法》

第十四条第一款 父母或者其他监护人应当树立家庭是第一个课堂、家长是第一任老师的责任意识，承担对未成年人实施家庭教育的主体责任，用正确思想、方法和行为教育未成年人养成良好思想、品行和习惯。

《中华人民共和国未成年人保护法》

第十七条 未成年人的父母或者其他监护人不得实施下列行为：

（一）虐待、遗弃、非法送养未成年人或者对未成年人实施家庭暴力；

（二）放任、教唆或者利用未成年人实施违法犯罪行为；

（三）放任、唆使未成年人参与邪教、迷信活动或者接受恐怖主义、分裂主义、极端主义等侵害；

（四）放任、唆使未成年人吸烟（含电子烟，下同）、饮酒、赌博、流浪乞讨或者欺凌他人；

（五）放任或者迫使应当接受义务教育的未成年人失学、辍学；

（六）放任未成年人沉迷网络，接触危害或者可能影响其身心健康的图书、报刊、电影、广播电视节目、音像制品、电子出版物和网络信息等；

（七）放任未成年人进入营业性娱乐场所、酒吧、互联网上网服务营业场所等不适宜未成年人活动的场所；

（八）允许或者迫使未成年人从事国家规定以外的劳动；

（九）允许、迫使未成年人结婚或者为未成年人订立婚约；

（十）违法处分、侵吞未成年人的财产或者利用未成年人牟取不正当利益；

（十一）其他侵犯未成年人身心健康、财产权益或者不依法履行未成年人保护义务的行为。

2. 女孩母亲被判虐待罪获刑四年半

【案情回放】

曹某某（女，6周岁）生前主要跟爷爷奶奶生活，后因上学搬去与母亲胡某某同住。2019年2月至4月，胡某某照顾曹某某日常生活、学习中，经常以罚跪、蹲马步等方式体罚女儿，并多次使用苍蝇拍把手、衣撑、塑料拖鞋等殴打女儿。

2019年4月2日，胡某某又因女儿尿裤子对其责骂，并使用塑料拖鞋对其殴打。随后胡某某伸手去拉曹某某，曹某某后退躲避，从二楼楼梯口处摔下，经抢救无效当日死亡。2019年9月6日，当地人民检察院以胡某某涉嫌虐待罪提起公诉，当地人民法院以虐待罪判处胡某某有期徒刑4年6个月。

（来源：正义网2021年5月6日）

【案例评析】

虐待罪是指经常以打骂、禁闭、捆绑、冻饿、有病不给治疗、强迫过度体力劳动等方式，对共同生活的家庭成员实施肉体上、精神上的摧残、折磨，情节恶劣，从而构成的犯罪。虐待罪是发生在家庭成员间的犯罪，行为人与被害人之间存在一定的亲属关系和扶养关系，如夫妻、父子、兄弟姐妹等。

本案中，曹某某的死亡结果虽然不是虐待行为本身所导致，但其后退躲避行为是基于母亲胡某某的虐待行为产生的合理反应，死亡结果仍应归责于胡某某，属于虐待"致使被害人重伤、死亡"，不属于意外事件。

国家禁止任何形式的家庭暴力。反家庭暴力是国家、社会和每个家庭的共同责任。《反家庭暴力法》实施以来，家庭暴力是违法犯罪行为的观念逐渐得到认同，不再被认为是家事、私事。家庭成员之间应当互相帮助，互相关爱，和睦相处，共同履行家庭义务。

【法条链接】

《中华人民共和国刑法》

第二百六十条　虐待家庭成员，情节恶劣的，处二年以下有期徒刑、拘役或者管制。

犯前款罪，致使被害人重伤、死亡的，处二年以上七年以下有期徒刑。

第一款罪，告诉的才处理，但被害人没有能力告诉，或者因受到强制、威吓无法告诉的除外。

第二百六十条之一　对未成年人、老年人、患病的人、残疾人等负有监护、看护职责的人虐待被监护、看护的人，情节恶劣的，处三年以下有期徒刑或者拘役。

单位犯前款罪的，对单位判处罚金，并对其直接负责的主管人员和其他直接责任人员，依照前款的规定处罚。

有第一款行为，同时构成其他犯罪的，依照处罚较重的规定定罪处罚。

《中华人民共和国反家庭暴力法》

第十三条　家庭暴力受害人及其法定代理人、近亲属可以向加害人或者受害人所在单位、居民委员会、村民委员会、妇女联合会等单位投诉、反映或者求助。有关单位接到家庭暴力投诉、反映或者求助后，应当给予帮助、处理。

家庭暴力受害人及其法定代理人、近亲属也可以向公安机关报案或者依法向人民法院起诉。

单位、个人发现正在发生的家庭暴力行为，有权及时劝阻。

第十四条　学校、幼儿园、医疗机构、居民委员会、村民委员会、社会工作服务机构、救助管理机构、福利机构及其工作人员在工作中发现无民事行为能力人、限制民事行为能力人遭受或者疑似遭受家庭暴力的，应当及时向公安机关报案。公安机关应当对报案人的信息予以保密。

第三十三条　加害人实施家庭暴力，构成违反治安管理行为的，依法给予治安管理处罚；构成犯罪的，依法追究刑事责任。

3. 对同住老人进行经常性谩骂构成家庭暴力

【案情回放】

申请人系73周岁老人，与被申请人（系申请人儿媳）共同居住。双方之间因家庭琐事多次发生矛盾，经常吵架。申请人声称共同生活期间被申请人持续对申请人实施家庭暴力，多次辱骂申请人，并留存有被申请人对申请人进行辱骂的短信。申请人多次报警，派出所亦多次出警。2018年8月，申请人向法院申请人身安全保护令，请求禁止被申请人以各种方式辱骂、殴打、威胁申请人。重庆市城口县人民法院裁定：禁止被申请人谩骂、威胁申请人。

（来源：《人民法院报》2021年1月19日）

【案例评析】

在实践中，申请人身安全保护令的主体多是夫妻之间。而家庭暴力不仅存在于夫妻之间，还存在于父母子女等其他家庭成员之间，特别是老年人在家庭中因身体和经济条件多处于弱势，更容易受到侵害。本案就是一起典型的老年人申请人身安全保护令的案件。被申请人多次辱骂申请人，对申请人实施家庭暴力，有短信、派出所出警记录、被申请人的陈述等证据证明。为维护老年人的人身安全和合法权益，法院作出禁止被申请人对申请人实施家庭暴力的裁定。

【法条链接】

《中华人民共和国老年人权益保障法》

第三条　国家保障老年人依法享有的权益。

老年人有从国家和社会获得物质帮助的权利，有享受社会服务和社会优待的权利，有参与社会发展和共享发展成果的权利。

禁止歧视、侮辱、虐待或者遗弃老年人。

第十一章　学习预防社会交往伤害知识

随着年龄的增长，青少年与父母相处的时间逐渐减少，与朋友相处的时间越来越多。人际交往适应是否良好，影响着青少年未来人格的发展。正所谓"近朱者赤，近墨者黑"，环境对人的影响非常大，既可以造就一个人，也可以摧毁一个人。正确对待和处理好社会交往，对青少年来说非常重要。

普法课堂　预防社会交往伤害知识概述

1. 什么是人际关系？

人际关系是人与人之间由于交往而产生的一种心理关系，它主要表现人与人之间在交际过程中关系的深度、亲密性、融洽性和协调性等心理方面联系的程度。

2. 青少年学生处理人际关系的能力较差是什么原因导致的？

一是现在的青少年学生大多是独生子女，从小多与长者相处，缺少伙伴，受到的迁就溺爱较多；二是因为家庭、学校对培养这方面能力重视不够，现行教材中也缺少这方面知识的系统内容。

3. 青少年如何正确交友？

（1）社会闲散人员莫结交。中小学是学习知识的黄金时期，应当充分利用假期加强实践、补齐短板。"近朱者赤，近墨者黑"，与什么样的人交往，自己就可能成为什么样的人。中小学生辨别是非意识差，注重所谓的"哥们义气"，往往无法准确判断交友对象的优劣，容易受到不良影响而走上犯罪道路或受到非法侵害。

（2）娱乐休闲场所莫进入。网吧、KTV、酒吧等娱乐场所里人员较为闲杂，是禁止未成年人进入的地方。有些未成年人不能严于律己，喜欢到这些场所聚会交友、寻求刺激，这让一些心术不正的人有机可乘，最终发生悲剧。

（3）虚拟网络平台莫沉迷。随着网络的普及，广大中小学生通过社交、游戏软件结交朋友越来越普遍。在与陌生人网络交往过程中，有些未成年人缺乏自我保护意识，容易泄露自己的隐私信息，甚至出现被人引诱裸聊、诱骗私下见面而遭受侵害。

4. 什么是真正的友谊？

（1）能够从友谊中获得力量，得到精神支持，感到愉快；

（2）能够学会待人接物，提高宽容大度的修养，丰富社会经验；

（3）能够培养诚实、开朗、无私等优良品质；

（4）能够在遇到困难时得到对方的帮助。

5. 异性同学之间如何交往？

（1）一般不要互赠礼物，如果遇到馈赠，可以婉言谢绝；

（2）举止要得体、端庄、大方，和异性同学的交往要有分寸，避免过分热情与亲近；

（3）异性同学之间不传播不健康的信息，不讨论有关男女关系的传闻；

（4）选择交往场所与时间时要遵循适当原则，不可结伴前往阴暗、偏僻的场所，不可在晚上单独交往。

以案释法 社会交往伤害警示案例

1. "近墨者黑"的例证

【案情回放】

某市职业中学接连发生学生抢劫、敲诈、盗窃的案件,涉案的11名学生走上了受审台。他们有的是家境贫寒却贪图享受、喜欢摆阔气,当钱不够花时就拉帮结伙,去偷去抢;有的是怕受欺负,于是找靠山、求保护,主动靠近恶势力,跟着学习抽烟、喝酒,一起厮混;有的原本学习不错,性格老实,是团伙抢劫、敲诈的对象,被欺负后就与恶势力混在了一起,从受害者变成施害者,走上了抢劫犯罪的道路。

【案例评析】

结交好的朋友能端正你的人生观,使你积极向上;结交社会上的不良青年,则会带你走向堕落的深渊。有些原本品学兼优的学生因为经受不住校内外不良青年的诱惑,最终走上了犯罪的道路,令人十分痛心。

【法条链接】

《中华人民共和国刑法》

第十四条 明知自己的行为会发生危害社会的结果,并且希望或者放任这种结果发生,因而构成犯罪的,是故意犯罪。

故意犯罪,应当负刑事责任。

第二十六条 组织、领导犯罪集团进行犯罪活动的或者在共同犯罪中起主要作用的,是主犯。

三人以上为共同实施犯罪而组成的较为固定的犯罪组织,是犯罪集团。

对组织、领导犯罪集团的首要分子,按照集团所犯的全部罪行处罚。

对于第三款规定以外的主犯,应当按照其所参与的或者组织、指挥的全部犯罪处罚。

第二十七条 在共同犯罪中起次要或者辅助作用的,是从犯。

对于从犯,应当从轻、减轻处罚或者免除处罚。

第二十八条 对于被胁迫参加犯罪的,应当按照他的犯罪情节减轻处罚或者免除处罚。

第二十九条 教唆他人犯罪的,应当按照他在共同犯罪中所起的作用处罚。教唆不满十八周岁的人犯罪的,应当从重处罚。

如果被教唆的人没有犯被教唆的罪,对于教唆犯,可以从轻或者减轻处罚。

2. 未成年少女两度遭性侵,为交友不慎再敲警钟

【案情回放】

年仅16周岁的少女小花早已辍学多时,2021年7月的一天,小花在某短视频平台认识了张某,在张某提出添加微信好友的请求后,小花未加思索便通过了。几天后的一个晚上,小花偶遇了张某,随后张某提出送小花回家,小花欣然同意。期间,张某见小花穿着时髦,便心生歹念,驾驶小轿车来到了一处公墓,提出要和小花发生性关系,遭拒后便以将小花埋在墓地进行威胁,对小花实施了强奸,并用手机拍摄了小花的裸体视频。10多天后,惊魂未定的小花又收到了张某的威胁信息,以对外流传裸体视频为要挟再次要求与其发生性关系,受到威胁的小花只得以删除视频为代价满足了张某的要求。然而,张某并未就此停止对小花的侵害,时隔不久,又第3次提出了非法要求。此时小花才恍然大悟,一味地妥协忍让只会让她受到更多的伤害,更加难以摆脱魔爪。最终,小花选择了报警,张某被绳之以法。

【案例评析】

　　随着互联网的飞速发展，特别是智能手机的普及，未成年人玩网络游戏、刷短视频、看直播、交网友已非常普遍，但由于未成年人辨别是非和自我保护能力较差，缺乏正确的引导和教育，使不法分子有机可乘。不法分子往往通过网络社交平台以交朋友、谈恋爱为名与被害人线上聊天，在获取未成年人信任后线下见面，对被害人实施性侵。导致此类犯罪发生的原因主要有以下四种。

　　一是被害人思想幼稚单纯，易受利诱。被侵害未成年人由于年龄尚小，缺乏社会阅历，辨别能力和自律能力差，加之网络上的各类诱惑极多，如网络游戏中的段位升级、装备皮肤等，未成年人往往难以抵御，极易被不法分子利诱而遭侵害。

　　二是家庭教育观念滞后，监管不到位。部分家长深受传统保守观念影响，认为过早的进行爱情观念和性知识教育会使未成年子女产生不当的好奇心，对其思想产生消极影响。还有一部分家长不知应以何种方式对未成年子女进行此方面的教育，选择了刻意忽视。同时，家庭监管职责缺位，情感关怀缺失也是重要原因。

　　三是校园性知识教育欠缺。虽然在校未成年人的性知识教育工作已引起国家与社会的高度关注，但是教育内容仍然存在流于形式的现象，特别是与性知识相关的法治教育存在短板，并不能有效指导未成年人理解性侵害行为，不能达到培养未成年人性防范意识的作用。

　　四是对未成年人上网行为监管不力。智能手机的普及使未成年人更加容易接触到网络社交平台。由于未成年人的父母或监护人对未成年人使用手机上网指导、监管不足，且部分网络社交平台运营商管理缺位，导致未成年人可随意使用手机上网，并轻松注册社交账户参与网络社交。未成年人因社会鉴别力差，极易受到潜藏在社交网络中的犯罪分子侵害。

为有效预防未成年人遭受不法侵害，应当细化家庭监护指导、加强学校防范性侵害教育、有效净化社交网络平台，对于放任诱导未成年人的不良信息传播的行为严厉整顿处罚，为青少年健康成长撑起一片日朗风清的网络空间。

【法条链接】

《中华人民共和国未成年人保护法》

第六条　保护未成年人，是国家机关、武装力量、政党、人民团体、企业事业单位、社会组织、城乡基层群众性自治组织、未成年人的监护人以及其他成年人的共同责任。

国家、社会、学校和家庭应当教育和帮助未成年人维护自身合法权益，增强自我保护的意识和能力。

第二十条　未成年人的父母或者其他监护人发现未成年人身心健康受到侵害、疑似受到侵害或者其他合法权益受到侵犯的，应当及时了解情况并采取保护措施；情况严重的，应当立即向公安、民政、教育等部门报告。

第四十条第二款　学校、幼儿园应当对未成年人开展适合其年龄的性教育，提高未成年人防范性侵害、性骚扰的自我保护意识和能力。对遭受性侵害、性骚扰的未成年人，学校、幼儿园应当及时采取相关的保护措施。

第六十六条　网信部门及其他有关部门应当加强对未成年人网络保护工作的监督检查，依法惩处利用网络从事危害未成年人身心健康的活动，为未成年人提供安全、健康的网络环境。

3. 通过婚恋交友实施诈骗

【案情回放】

被告人姜某某于2016年7月至2018年9月间，通过与康女士建立恋爱关系，以谈婚论嫁骗取作为康女士父母的被害人刘女士、康先生夫妻信任。期间，被告人姜某某利用被害人家庭对其的信任，假借帮被害人还房贷、自己公司资金周转需用钱等事由，骗取被害人刘女士、康先生房屋抵押款人民币 300 万元，并骗取被害人刘女士、康先生多家银行信用卡资金等钱款人民币 102 万元。被告人姜某某于 2018 年 8 月至 9 月间，以收回其 200 余万元债权需要资金为由，骗取被害人赵女士人民币 55000 元；于 2018 年 11 月间，以帮助被害人祝先生投资获得高额利息为由，骗取被害人祝先生人民币 151000 元。

（来源：《中国妇女报》2021 年 8 月 18 日）

【案例评析】

近年来，通过婚恋交友实施诈骗的犯罪屡见不鲜。很多人利用婚恋关系假意交往，设置"温柔陷阱"，骗取被害人信任，进而编造各种理由达到骗取钱款的目的。在此类案件中，由于双方是在婚恋关系中发生的诈骗行为，在交往中存在一般经济往来的情况，被告人也会给被害人一部分钱款，这些钱款的性质应该综合全案情况进行判定，如果被告人给予被害人的钱款与其诈骗所得钱款数额差距过大，如本案中的姜某某给被害人一方的小部分还款，其实是掩盖犯罪行为的一种表现，小部分的还款行为不能否认整体诈骗事实的存在，在认定案件性质和犯罪数额时应该审慎判断。

【相关链接】

在婚恋交友关系中，对于一方提出各种名义的钱款需求，应提高警惕。首先，应该核实对方提出的钱款需求是否真实存在、需求数额与实际数额是否相当等；其次，对于借款的具体条件应当加以明确，如借款的数额、归还期限、约定利息等；再次，对于交往短时间内即提出大额钱款需求的，应该更加谨慎，只有把每一步都核实清楚，才能防患于未然。

第十二章　学习预防毒品违法犯罪知识

毒品，一是毒害自己，二是祸害家庭，三是危害社会。社会上一些毒品犯罪分子为了攫取更多非法利益，想尽各种花招拉拢腐蚀青少年。而青少年正当青春年少，面对复杂的社会环境，认识不清，很难把握自己、珍爱自己，以致被毒品所害。

普法课堂　预防毒品违法犯罪知识概述

1. 毒品的定义是什么？

毒品是指鸦片、海洛因、甲基苯丙胺（冰毒）、吗啡、大麻、可卡因以及国家规定管制的其他能够使人形成瘾癖的麻醉药品和精神药品。

2. 什么是新型毒品？有哪些类型？

相对鸦片、海洛因等传统毒品而言，新型毒品主要指人工化学合成的致幻剂、兴奋剂类毒品，是由国际禁毒公约和我国法律法规规定管制、直接作用于人的中枢神经系统、使人兴奋或抑郁、连续使用会使人产生依赖性的精神药品。因其滥用多发生在娱乐场所，又被称为"俱乐部毒品""休闲毒品""假日毒品"。

近年来，形态各异的新型毒品层出不穷，如"摇头丸""蓝精灵""开心水""网红减肥药""奶茶""神仙水""跳跳糖""致幻邮票""小树枝""聪明药"，等等。

3. 新型毒品有什么危害？应如何防范？

新型毒品的共同特点是化学合成，既具有影响人体脏器功能等生理作用，还可以产生兴奋、致幻、麻醉等精神效果。相较于海洛因等传统毒品，新型毒品会对大脑神经细胞产生直接的、不可逆的损害，影响人的中枢神经，导致神经中毒反应和精神分裂，吸毒者更容易出现兴奋、狂躁、抑郁、幻觉等精神病症状，从而行为失控，造成个人极端暴力犯罪等一系列社会问题。个别品种过量吸食可能导致休克、窒息甚至猝死。吸毒一旦成瘾会使人的社会功能全部丧失，如果青少年没有资金支持其购买毒品，很容易发展成"以贩养吸"，落入违法犯罪的深渊。

广大青少年要进一步学习禁毒知识，不断提高识毒、防毒、拒毒的能力，识破新型毒品的伪装，共筑健康无毒青春。

（1）要懂得什么是毒品，尤其是新型毒品，认清毒品危害，学会防范和拒绝毒品。

（2）不要随便接受陌生人给的食物、饮品、香烟等，长期离开视线的饮品、食物最好不要再食用。即使是认识的人也要保持几分警惕，要记住，熟人也有很大的作案几率。

（3）娱乐、狂欢、宣泄要有节制，尤其是中考、高考结束后，青少年释放压力要合法适度，不要因一时兴起而追悔莫及。千万不可以身试毒，不要盲目追求刺激、与他人攀比，不要把吸毒与享受画等号。

4. 我国刑法规定的毒品犯罪的罪名有什么？

（1）走私、贩卖、运输、制造毒品罪；

（2）非法持有毒品罪；

（3）包庇毒品犯罪分子罪；

（4）窝藏、转移、隐瞒毒品、毒赃罪；

（5）走私制毒物品罪；

（6）非法买卖制毒物品罪；

（7）非法种植毒品原植物罪；

（8）非法买卖、运输、携带、持有毒品原植物种子、幼苗罪；

（9）引诱、教唆、欺骗他人吸毒罪；

（10）强迫他人吸毒罪；

（11）容留他人吸毒罪；

（12）非法提供麻醉药品、精神药品罪。

5. 青少年吸毒的原因是什么？

（1）盲目好奇，寻求刺激；

（2）毒贩的蓄意谋害；

（3）赶时髦，想炫耀；

（4）不良家庭及社区环境的影响；

（5）受挫折，压力大；

（6）不健康的逆反心理。

6. 青少年毒品犯罪的治理对策有哪些？

在谴责青少年毒品犯罪的同时，我们还要反思对青少年教育的缺失。应从国家、社会、家庭各个角度出发，从根本上预防青少年毒品犯罪，对已经实施毒品犯罪的青少年进行劝阻，必要时采取法律手段强制治理。

（1）普及毒品常识，加强法律意识。父母、学校和社会要加强对毒品及相关法律的知识普及，让青少年知法懂法守法，避免因无知导致毒品犯罪。

（2）加强对娱乐市场的整顿，净化生活环境。政府要加强对娱乐市场的监管力度，对于一些禁止未成年人进入的场所（如网吧、KTV、酒吧、舞厅、游戏厅等）严加管理。避免青少年接触不良娱乐场所，以此来降低青少年与毒品的接触几率。

（3）加大毒品的打击力度，加强国家的禁毒建设。国家要加大毒品的打击力度，对于吸毒贩毒人群绝不姑息，增加缉毒警力，加快缉毒警队的科技建设，利用科技侦查手段，让犯罪分子无所遁形。

（4）建立良好的戒毒政策，关注犯罪青少年身心状态。政府要建立良好的戒毒政策，让青少年能够戒掉毒瘾，回归正常的学习和生活。

以案释法 毒品违法犯罪警示案例

1. 毒品是魔鬼，断送花季少女美好前程

【案情回放】

李某是某大城市重点中学高三的学生，这位花季少女生性活泼好动，有一定的艺术天赋，加上自己积极上进，乐于为大家服务，很受老师的器重，一直是学校学生会的宣传干部。

一次，她偶然听说班上有一位男同学吸毒，感到特别好奇，因为她在电视里多次看到吸毒者欲仙欲死的镜头。她想，吸毒的感觉一定特别不一般。于是，她偷偷向那位男生打听吸毒的感觉。男生告诉她，吸毒的感觉很舒服，就像做了神仙一样，忧愁烦恼全忘记了。听男生说完后，李某竟产生了试一试的想法。不久，她就开始了吸毒。第一次吸毒后，她只觉得恶心，想要呕吐。但是，第二次、第三次之后，她就再也无法控制自己不去吸毒。李某先是骗父母的钱购买毒品，后来因无法满足毒瘾，她就把家里值钱的东西偷出来卖。父母千方百计也无法让她回头。在不到一年的时间里，李某辍学出走，为筹集毒资进了歌厅，堕落成一个出卖色相的人，直到被送进强制戒毒所。

李某把自己的切身感受详细地记在日记里。她写道："第一次，我抽了一点，没什么好感觉。第二次，我又抽了一点，这次找到了

感觉。谁知道这一尝出味道，就上瘾了，从此一发不可收拾。没想到这是致命的一口啊！如果现在有人问我毒品是什么？我一定告诉他，毒品就是魔鬼！"一个优秀的高中生，一个花季少女，由于对毒品过分好奇，踏上了吸毒之路，被魔鬼般的毒品断送了美好前程，真是令人可惜、可悲、可叹！

【案例评析】

我们都知道毒品危害极大，但是为什么还有少数青少年去吸食呢？专家指出，青少年吸毒主要有六大诱因。

吸毒诱因之一：无知好奇

一项调查表明，在青少年吸毒者中，有80%以上是在不知道毒品危害的情况下吸毒成瘾的。有位学生黄某，听说毒品能让人舒经活络、强筋健骨，便萌生了试一试的念头。岂料，试过之后再也不能自拔。有的女孩子听说吸毒可以减肥，苗条是"吸"出来的，竟信以为真，结果生命逝去的速度比体重减轻的速度还要快。抱着"找一下吸毒的感觉""抽着玩玩""尝尝新鲜"等念头，一些青少年认为"我只想知道吸毒是怎么回事""我不信它有那么神奇""吸一口不要紧"，在毒品面前放任了自己的好奇心，这就好比在悬崖边抬脚试探崖底有多深一样危险。

吸毒诱因之二：上当受骗

有些青少年是在不知情的状况下被毒贩诱骗而吸毒的。毒贩为避人耳目，同时为了"以贩养吸"，往往设下陷阱，把青少年一个个拉下水。这些陷阱有花言巧语、请客吃饭、递烟、诱骗服用掺有毒品的食物饮料等。毒贩为满足自己的欲望，往往六亲不认，青少年常常成为他们猎取的对象。

吸毒诱因之三：误将吸毒视为"时髦"

有些青少年认为吸毒时髦、气派，是高档消费和富有的象征。可是他们并不知道，一旦染上毒瘾，就会把父母辛苦积攒的家业很快"吸"光，并最终断送自己的性命。

吸毒诱因之四：来自周围的不良影响

由于受到同学、同伴、亲属吸毒的不良影响而导致吸毒的青少年，每年都有不少。他们在最初发现自己受到不良影响的时候，没有采取坚决拒绝的态度，这为日后种下了祸根。事实上，为了自己，也为了他人，唯一的选择就是向禁毒和戒毒机构举报周围的贩毒、吸毒人员。

吸毒诱因之五：受挫后逃避现实

有些青少年由于父母离异、家庭关系紧张、学习压力大、师生关系不好、高考受挫以及待业等不顺心的事导致精神苦闷、情绪低落，试图以吸毒麻醉自己。这种不积极的心态，其结局只能是登上"死亡快车"。

吸毒诱因之六：不正常的逆反心理

有的青少年是想要给吸毒者做出戒毒的榜样，不信毒瘾戒不掉而吸毒；还有的青少年是想要证明自己非同一般而吸毒。"你不让我干，我偏要试试"的逆反心理，不服气、不甘心、不认同的较劲儿心理，在青少年群体中普遍存在。你说毒品可怕，我就不怕；你说毒瘾难戒，我就吸一个给你看。正是这种逆反心理，促使一些年轻人自己跳进了火炕。

【法条链接】

《中华人民共和国禁毒法》

第二条第一款　本法所称毒品，是指鸦片、海洛因、甲基苯丙胺（冰毒）、吗啡、大麻、可卡因，以及国家规定管制的其他能够使人形成瘾癖的麻醉药品和精神药品。

第三条　禁毒是全社会的共同责任。国家机关、社会团体、企业事业单位以及其他组织和公民，应当依照本法和有关法律的规定，履行禁毒职责或者义务。

第十三条　教育行政部门、学校应当将禁毒知识纳入教育、教学内容，对学生进行禁毒宣传教育。公安机关、司法行政部门和卫生行政部门应当予以协助。

第十八条　未成年人的父母或者其他监护人应当对未成年人进行毒品危害的教育，防止其吸食、注射毒品或者进行其他毒品违法犯罪活动。

2. 亲情缺失，16岁少年走上吸毒、贩毒之路

【案情回放】

小伟（化名）6岁时，父母因感情不和离婚了，他被判给了母亲。离婚后没多久，小伟的父亲离开家乡去广东打工，从此杳无音信，小伟的母亲则在他人介绍下远嫁他乡，无家可归的小伟只好被寄养在姨妈家。姨妈有3个孩子，只能给小伟提供物质上的帮助，无法在学习方面照顾他。在学校里，小伟因为爸妈不在身边经常被同学们嘲笑，自卑的他开始厌倦学习，还没读完初一就辍学了。因为精神空虚，小伟渐渐与姨妈家的邻居念某熟悉起来。念某有钱，出手也大方，时不时可以带他出去"潇洒"，小伟甚至有些崇拜这位"大哥"。

2013年4月的一天，在念某的引诱下，小伟开始吸食冰毒，并很快染上了毒瘾。因为没有经济来源，小伟心甘情愿成了念某的"小弟"，多次接受念某的指令，携带K粉、摇头丸等毒品送货，赚取一些零花钱。

2019年5月5日凌晨，小伟接到念某的电话，让他到一家夜总会"送货"，当场被警方抓获。被抓后，小伟主动交代自己曾帮念某送过4次货。等待小伟的必将是法律的制裁。

【案例评析】

透过小伟吸毒、贩毒的犯罪表象不难发现，当家庭出现危机时，

缺失亲情关怀的未成年人，在自身生理、心理发育尚未成熟的情况下，受到外界不良因素影响时，极易走上违法犯罪的道路。希望家长们能以此为戒，给孩子多一份关爱，多一份责任。

【法条链接】

《中华人民共和国禁毒法》

第五十九条 有下列行为之一，构成犯罪的，依法追究刑事责任；尚不构成犯罪的，依法给予治安管理处罚：

（一）走私、贩卖、运输、制造毒品的；

（二）非法持有毒品的；

（三）非法种植毒品原植物的；

（四）非法买卖、运输、携带、持有未经灭活的毒品原植物种子或者幼苗的；

（五）非法传授麻醉药品、精神药品或者易制毒化学品制造方法的；

（六）强迫、引诱、教唆、欺骗他人吸食、注射毒品的；

（七）向他人提供毒品的。

第六十条 有下列行为之一，构成犯罪的，依法追究刑事责任；尚不构成犯罪的，依法给予治安管理处罚：

（一）包庇走私、贩卖、运输、制造毒品的犯罪分子，以及为犯罪分子窝藏、转移、隐瞒毒品或者犯罪所得财物的；

（二）在公安机关查处毒品违法犯罪活动时为违法犯罪行为人通风报信的；

（三）阻碍依法进行毒品检查的；

（四）隐藏、转移、变卖或者损毁司法机关、行政执法机关依法扣押、查封、冻结的涉及毒品违法犯罪活动的财物的。

第六十一条 容留他人吸食、注射毒品或者介绍买卖毒品，构成犯罪的，依法追究刑事责任；尚不构成犯罪的，由公安机关处十日以上十五日以下拘留，可以并处三千元以下罚款；情节较轻的，处五日以下拘留或者五百元以下罚款。

第六十二条 吸食、注射毒品的，依法给予治安管理处罚。吸毒人员主动到公安机关登记或者到有资质的医疗机构接受戒毒治疗的，不予处罚。

3. 未成年人贩毒未遂亦获刑

【案情回放】

因父母离异，缺少关爱与管教，15周岁的小强走上了贩毒的歧路。2019年8月中旬，年仅14周岁的小旭通过微信联系小强，欲购买毒品大麻叶。小强通过某视频app上名为"东哥"的人联系询价购买。确定有货后，小强让小旭通过微信扫码的方式付款320元，并要求其告知收货地址。后"东哥"将大麻叶和一块手表一同寄给小旭，并将快递单号和寄货视频发给小强。小旭在顺利收到大麻叶后予以吸食，小强从中牟利10元。

两个月后，小旭再次找小强购买大麻叶，通过支付宝转账378元。因"东哥"无货供应，小强退还给小旭毒资310元，扣留68元的好处费。小旭因吸毒被查获后，民警发现了小强贩卖毒品的相关事实，遂将小强抓获归案。

【案例评析】

我国《刑法》规定，已满14周岁不满16周岁的人，犯贩卖毒品罪的，应当负刑事责任。贩卖毒品，无论数量多少，都应当追究刑事责任，予以刑事处罚。贩卖少量毒品的，处3年以下有期徒刑、拘役或者管制，并处罚金。

本案中小强违反刑法及相关国家毒品管理法规，向未成年人贩卖少量大麻叶，犯罪时已年满14周岁，法院认为，小强的行为已构成贩卖毒品罪，因其自愿认罪认罚，依法从轻处罚。综合考虑小强其中一次贩毒是犯罪未遂等因素，判处小强有期徒刑 7 个月，并处罚金人民币 1000 元。

十四五岁是充满好奇心的年龄，但有好奇心也要守住"底线"。因好奇而沾上毒品、贩卖毒品，是会受到法律严惩的。青少年一定要提高自我防护意识，避免因与不良人员交往而沾染恶习。同时，学校应进一步加强禁毒知识普及，家长要认真履行监护职责，社会要筑牢禁毒防毒的防线，为青少年营造无毒、健康的生活环境。

【法条链接】

《中华人民共和国刑法》

第十七条 已满十六周岁的人犯罪，应当负刑事责任。

已满十四周岁不满十六周岁的人，犯故意杀人、故意伤害致人重伤或者死亡、强奸、抢劫、贩卖毒品、放火、爆炸、投放危险物质罪的，应当负刑事责任。

已满十二周岁不满十四周岁的人，犯故意杀人、故意伤害罪，致人死亡或者以特别残忍手段致人重伤造成严重残疾，情节恶劣，经最高人民检察院核准追诉的，应当负刑事责任。

对依照前三款规定追究刑事责任的不满十八周岁的人，应当从轻或者减轻处罚。

因不满十六周岁不予刑事处罚的，责令其父母或者其他监护人加以管教；在必要的时候，依法进行专门矫治教育。

第三百四十七条 走私、贩卖、运输、制造毒品，无论数量多少，都应当追究刑事责任，予以刑事处罚。

走私、贩卖、运输、制造毒品，有下列情形之一的，处十五年有期徒刑、无期徒刑或者死刑，并处没收财产：

（一）走私、贩卖、运输、制造鸦片一千克以上、海洛因或者甲基苯丙胺五十克以上或者其他毒品数量大的；

（二）走私、贩卖、运输、制造毒品集团的首要分子；

（三）武装掩护走私、贩卖、运输、制造毒品的；

（四）以暴力抗拒检查、拘留、逮捕，情节严重的；

（五）参与有组织的国际贩毒活动的。

走私、贩卖、运输、制造鸦片二百克以上不满一千克、海洛因或者甲基苯丙胺十克以上不满五十克或者其他毒品数量较大的，处七年以上有期徒刑，并处罚金。

走私、贩卖、运输、制造鸦片不满二百克、海洛因或者甲基苯丙胺不满十克或者其他少量毒品的，处三年以下有期徒刑、拘役或者管制，并处罚金；情节严重的，处三年以上七年以下有期徒刑，并处罚金。

单位犯第二款、第三款、第四款罪的，对单位判处罚金，并对其直接负责的主管人员和其他直接责任人员，依照各该款的规定处罚。

利用、教唆未成年人走私、贩卖、运输、制造毒品，或者向未成年人出售毒品的，从重处罚。

对多次走私、贩卖、运输、制造毒品，未经处理的，毒品数量累计计算。